「ニッポン」の働き方を変える

中村和雄

さようなら

安倍政権

批判

plus

オルタナティブ

もくじ●「ニッポン」の働き方を変える

第1部

安倍政権による規制緩和政策

1　ニッポン一億総活躍プラン

二〇一六年五月一八日、七月の参議院議員選挙に向けて、安倍政権は「ニッポン一億総活躍プラン」を発表した。アベノミクスの成果を強調し、「日本経済にさらなる好循環を形成するため、旧三本の矢の経済政策を一層強化するとともに、広い意味での経済政策として、子育て支援や社会保障の基盤を強化し、それが経済を強くするという新たな経済社会システム作りに挑戦する」とし、これから目指す「一億総活躍社会は、女性も男性も、お年寄りも若者も、一度失敗を経験した方も、障害や難病のある方も、家庭で、職場で、地域で、誰もが活躍できる全員参加型の社会である」とする。

開いた口が塞がらない。これまで子育て支援や社会保障を次々と削減してきたのは誰だったのか、多くの女性や若者を非正規雇用として労働市場に登場させた上で、企業の身勝手な理由で使い捨てできるように、労働規制を緩和してきたのは誰だったのか、企業が派遣労働を永続的に使い続けることを認める労働者派遣法の大改悪を実行し、使用者に労働者への残業強制を野放しにしたうえ残業代を支払わなくてよいとする「残業代ゼロ・過労死促進法案」を参議院議員選挙後に国会で強行しようとしているのはいったい誰なのか。一国の総理がここまで自らの行ってきた政策に頬被りをすることが許されるのだろうか。

2「同一労働同一賃金の実現」「最低賃金引き上げ」「長時間労働の是正」

ニッポン一億総活躍プランでは、働き方改革の方向として、①同一労働同一賃金の実現、②最低賃金の引き上げ、③長時間労働の是正、④高齢者の就労促進が掲げられている。

プランは「女性や若者などの多様で柔軟な働き方を拡げるためには、わが国の労働者の約四割を占める非正規労働者の待遇改善は、待ったなしの重要課題である」という。待ったなしの重要課題であることはそのとおりだ。歴代の政府がしっかりとした規制をせずに、逆に規制を緩和してきた結果であり、速やかな規制が必要である。そのための有効な方法が「同一（価値）労働同一賃金」の実現であり、最低賃金の引き上げである。安倍政権は、これまでの対応を反省し、プランに掲げる「同一労働同一賃金の実現」や「最低賃金の引き上げ」を実行するのだろうか。

プランは、「同一労働同一賃金の実現に向けて、わが国の雇用慣行には十分に留意しつつ、躊躇なく法改正の準備を進める。労働契約法、パートタイム労働法、労働者派遣法の的確な運用を図るため、どのような待遇差が合理的であるかまたは不合理であるかを事例などで示すガイドラインを策定する。できない理由はいくらでも挙げることができる、大切なことは、どうやったら実現できるかであり、ここに意識を集中する。非正規という言葉を無くす決意で臨む」とし、「関連法案を国会に提出する」としている。安倍政権が果たして本気で同一労働同一賃金の実現に取り組もうとしているのかははなはだ疑問である。しかし、安倍政権が「同一労働同一賃金」を政策課題として提起せざるを得なくなったのは、労働現場で非正規が拡大し、正規と非正規との著しい格差をこれ以上放置することがもはやできない状況となっているからである。まやかしの「同一労働同一賃金」で誤魔化されることがないように、客観的で平等で適正な「同一（価値）労働同一賃金」制度を実現するためにどうしたら良いのか考えなければならない。

プランは、最低賃金の引き上げについて、「年率三％程度を目途として、名目ＧＤＰ成長率にも配慮しつつ引き上げていく。これにより、全国加重平均が一〇〇〇円となることを目指す」とする。こちらはずいぶんとトーンダウンである。政府は、二〇一〇年六月一八日に閣議決定された「新成長戦略」において、二〇二〇年までに「全国最低八〇〇円、全国平均一〇〇〇円」にするという目標を明記し、二〇一五年六月三〇日に閣議決定された『日本再興戦略』改訂二〇一五」等においても、中小企業・小規模事業者への支援を図りつつ最低賃金引き上げに努めるべきことを明記している。プランの工程では全国平均一〇〇〇円に到達するのは八年後の二〇二四年である。しかも安倍政権は物価上昇年率二％を目標としているのであるから、二〇二四年の最低賃金一〇〇〇円では人間らしく生活するにはきわめて不十分であることは明らかである。後に紹介するように、アメリカでは最低賃金時給一五ドルの運動が各地で法制化を実現している。また、最低賃金の引き上げが地域経済の活性化に貢献していることも紹介されている。大胆な最低賃金引き上げの実現が必要である。

プランは「長時間労働は仕事と子育てなどの家庭生活の両立を困難にし、少子化の原因や、女性のキャリア形成を阻む原因、男性の家庭参画を阻む原因となっている」と指摘する。そのとおりである。これまで野放しにしてきた長時間労働の厳格な規制が必要である。ところが、プランでは具体的な規制策は示されず、「労働基準法については、労使で合意すれば上限なく時間外労働が認められる、いわゆる三六《さぶろく》協定における時間外労働規制のあり方について、再検討を開始する」としている。法律による労働時間の上限規制やインターバル規制についてはまったく触れていない。プランは長時間労働の是正について、きわめて不十分な内容である。

プランは、「高齢者の雇用促進」を掲げ、「高齢者の七割近くが、六五歳を超えても働きたいと願っているのに対し、実際に働いている人は二割にとどまっている」とし、六五歳以降の就労促進を含む高齢者の就労促進を掲げている。六五歳を過ぎても働け、年金に期待するな、というメッセージがひしひしと伝わってくる。年金だけでは生活できないから六五歳を過ぎても働かざるを得ない高齢者がたくさん存在するのである。貧弱な社会保障制度の整備に頬被りをして、労働市場への高齢者の押し出しに邁進する安倍政権の姿勢がむき出しである。

以上のとおり、「ニッポン一億総活躍プラン」における働き方改革の内容は、曖昧であるとともに政策内容がきわめて不十分である。それでは、わが国の働き方をどう変えていったら良いのか、第2部で提案したい。その前に、安倍政権のもとで進行するわが国の雇用破壊現場の状況と、安倍政権が推進してきた規制緩和政策について簡単に報告しておきたい。

3　ある印刷会社の労働現場から

●印刷オペレーターとして

Aは、京都にある芸術系大学を卒業後、埋蔵文化財保存修復の仕事をしていたが、色に関わる仕事に就きたいと考えてインターネットのマイナビ転職サイトで検索し、Y社の印刷オペレーターの募集を見つけて応募した。面接の担当者であるY社社長は、一二時間二交代制勤務であることや固定残業代、担当する職務の仕事内容については説明せず、「お客様第一」という言葉を繰り返し述べた。Aは、その言葉にとても共感し、二〇〇九年一〇月にY社に入社し、印刷オペレーターとして勤務を開始した。印刷オペレーターの仕事は、版をセットして紙を印刷機に積む、パソコンにデータを打ち込む、紙を流すボタンを押す、出てくる印刷物を検品するという作業である。会社からの指示で、Aはこの作業で必要となるフォークリフトの資格を取得した。

Ａは入社当初は昼勤務で、月の休みが五日か六日、毎日一四時間か一五時間くらい働いていた。いつも納期に追われていて、休憩はほとんどとれず、昼食時間も含めて休憩時間は一日平均一〇分から一五分くらいだった。入社して二年半経ったころ、Ａは夜勤勤務に変更になった。月三回午前八時から九時に行われる全体朝礼に参加しなければならず、その時は必然的に一三時間以上の勤務になった。Ａは、一年半夜勤勤務に従事していたが、常に眠い、気分が憂鬱になる、イライラするなど精神的にかなり不安定な状態になっていた。もっとも、勤務時間について途中で拒否したり八時間を超えて仕事をしないなどといったことはなく、指示された労働時間はきちんと仕事しており、上司に対して抗議したこともなかった。こうしたＡの長時間労働について、Ａの妻はＡが過労で倒れるのではないかと心配でたまらなくなり、二度三度にわたって、Ｙ社に対して改善を願う手紙を送った。しかし、Ｙ社は切実な願いを聞き入れることなく、Ａに長時間労働を強いていた。

●生産管理課に配属されて

Ｂは、二〇一一年三月に北陸にある大学の情報フロンティア学部メディア情報学科を卒業し、同年四月一日にＹ社に入社した。入社前に七回面接を受け、そのほとんどで常務が説明を行ったが、勤務時間や給料など労働条件についての説明はなかった。説明されたのは会社の社是や経営理念であった。とにかくお客様第一であり、従業員が頑張ってお客様に幸せを提供して、それが自分たちに返ってくるような働き方をしてほしい、またそういうことができる人材を求めていると言われた。Ｂは、入社してから一か月間の研修を受けたが、その際「決まり事項」が交付されて説明を受けた。この「決まり事項」には就業時間として「シフトによる」と記載されているが、具体的な就業時間については全く説明されなかった。研修終了後、Ｂは生産管理課に配属され、記入・手配や出力、データチェック、ＣＴＰなど幅広く担当することが求められた。勤務日や勤務時間は職場の上司が作成したシフトによって決まり、出社時間については午前八時から八時半の間に出社するようにという説明があったものの、退勤時間については上司の「もうそろそろ帰ろうか」という簡単な指示のみで具体的な時間は決まっていなかった。基本は二交代制で一二時間拘束となっており、最初の数か月は定時に退社することができていたが、日に日に忙しくなり、入社から半年も経たないうちに退社する時間はどんどん遅くなっていった。二〇一二年三月、Bは異動命令を受けオンデマンド封筒部署に異動となった。異動先の部署も一二時間二交代制勤務だったが、Bは一人で四台のオンデマンド機をフル稼働させるよう上司から指示され、かなりの重労働だった。同年七月、Bは、オンデマンド封筒部署から本社第一工場印刷オペレーターに異動となった。この部署も一二時間二交代制勤務であった。Bは当初は、印刷オペレーターの補助を主に担当していたが、本社第一工場に導入された新しい印刷機のオペレーターに推薦され、しばらくは昼勤務の印刷オペレーターとして働いていた。二〇一三年一月から、Bは夜勤勤務となった。夜勤のせいかそれに伴う食生活の乱れのせいか、Bは体調を崩し、皮膚の炎症もあって、同年三月末から五月初めまで病気休職をせざるを得なくなった。五月初めに復帰した後は、以前と同じく夜勤印刷オペレーターとして仕事を再開し、以前と同じく長時間労働に従事した。

●一二時間二交代シフトが継続して

Y社は、「印刷通販」の先駆けとして、二〇〇二年創業された。「印刷通販」は、ユーザーが完成した印刷データをインターネットを通じて発注・入稿し、営業を介さず代金先払いで直接納品される通販型の業態である。二四時間三六五日Ｗｅｂ受注による「機会を止めない」フル操業を特徴とする。印刷産業そのものが規模を縮小する中、「印刷通販」は「安さと速さ」を競って成長拡大した。Y社は、創業時売上げ年間一億円だったが、二〇〇九年には売上げ年間五六億円、二〇一五年四月期では売上げ年間二〇六億円と急速に業績を伸ばし、従業員数も三〇名前後から七八〇名へと拡大し、業界大手に成長した。

Y社と同時期に「印刷通販」として起業した別会社が八時間三交代勤務制であるのに対し、Y社は一二時間二交代勤務制を現在まで継続し、男女ともに「よる専」と呼ばれる夜勤専門シフトも導入している。その結果、従業員は月平均八〇時間超の過労死認定ラインを超える長時間残業を強いられる。特に、印刷現場では所定の休憩時間ですら機械の停止を許されず、従業員が心身とも休まることなく、生産が続けられる。一方、このような長時間残業が労務コストの増加にならないよう、Y社の賃金は、勤続年数に関わりなく基本賃金が一三万円余り、九〇時間分の固定残業代が諸手当として支給され、退職金制度もない。こうした長時間残業を強要する一二時間二交代勤務制及び労務コストを圧縮する固定残業代の導入によって、Y社の「日本一の安さ」が維持されている。Y社では二〇一〇年三月二二日、入社してわずか一か月半の二六歳の青年が、菊全版八色機という大型印刷機械を一人で稼働している最中、頭を機械に挟まれて死亡するという重大な労災事故が発生した。その後も労災事故が多発している。

Aの妻が夫の疲労困憊ぶりを不安に思い、たまたま手にした組合のチラシを見て、二〇一三年三月に組合に相談した。その後、A自身も、夜専門でやってきて心身がかなり限界に近づいていると感じ、労働時間を何とかしたいと思った。AはBに声をかけ、組合に相談した。そして、同年一〇月二〇日に組合Y社分会を結成し、同年一一月一日、Y社に組合結成を通知し、労働時間の改善などを求めた。

組合結成が通知された日のわずか五日後である一一月六日、Y社はBに対し、印刷のシフトからオンデマンドポスター部署に異動せよとの業務命令を発した。さらにその二日後の一一月八日、Y社はAに対し、印刷のシフトから梱包のシフトに異動せよとの業務命令を発した。

ＡとＢおよび組合は、現在Ｙ社を相手として労働委員会で差別是正を求めて闘っている。

現在、わが国において、ＡやＢの働き方はけっして特異なものではない。労働者をモノのように扱う経営者が跋扈し、そのことであたかも有能な経営者であるかのように振る舞えているのが現状である。それに異を唱える者は異端だとして職場から排除されようとしているのである。最低賃金そこそこの賃金水準で超長時間労働を強いられている。それに反抗できずに耐えざるを得ないのが労働現場の実状である。

4　安倍政権による規制緩和の概要

●安倍政権における労働法制の規制緩和政策

アベノミクスの第三の矢とされる「成長戦略」の中心に労働法制の規制緩和が位置づけられている。労働分野の議論は、規制改革会議雇用ワーキンググループ（座長　鶴光太郎）と、産業競争力会議雇用・人材分科会（座長　甘利明経済再生担当大臣）で進められてきた。そこには、人材ビジネスをはじめとする経済界の代表が多数参加しているのに対して、労働界の代表は一名も参加できていないのである。安倍政権によるまったく恣意的な人選によって、規制緩和を猛進する恣意的な政策が次々と表明されたのである。

産業競争力会議雇用・人材分科会は、二〇一三年一二月二六日に「中間整理」を発表した。中間整理の表題は「『世界でトップレベルの雇用環境・働き方』の実現を目指して」となっている。労働界の代表の意見を一切聞かずに、経済界の代表らで議論してとりまとめているのである。彼らが目指す「世界でトップレベルの雇用環境・働き方」が、労働者にとっての世界一ではなく、使用者にとっての世界一であることは明らかである。労働法の規制緩和を実現することによって、使用者にとって最も好都合な雇用環境を作り上げようというのが目的なのである。

使用者にとって都合の良い働かせ方は、労働者にとってはきわめて不利益な働き方である。わが国では労働者の賃金は一九九七年をピークに毎年減り続けてきている。また、貧困問題が深刻化しているが、その大きな原因の一つとして非正規雇用の拡大など雇用の崩壊の問題がある。総務省の労働力調査によれば、非正規雇用の割合は二〇一五年は年平均で三七・四％となっている。国税庁の二〇一一年分民間給与実態統計調査によれば、年収二〇〇万円以下の給与所得者は二〇〇六年以来六年連続で一〇〇〇万人を超えており、給与所得者全体の平均年収はピークの一九九七年（四六三万円）より五四万円も少ない四〇九万円に減少している。他方では、男性の正社員を中心にして長時間労働が蔓延しており、過労死や過労によって心身に故障を来す事例も後を絶たない。総務省の労働力調査によれば、週六〇時間以上働いている労働者は全体の約一割で、男性に限ると一四％に達している。

いまこそ、労働法の規制を強化して労働者にとって良好な雇用環境を確立することこそが必要であるのに、安倍政権はまったく逆の方向に舵を切っているのである。安倍政権の雇用改革は「あべこべ」なのである。

グローバル化した資本主義社会においては、企業は、世界中で最も人件費が安いところで人を雇い、最も製造コストが安く、最も公害規制の緩いところで生産し、最も法人税率が低いところで納税することによって、企業収益を極大化しようと世界中を駆け巡る。企業収益の増大が日本国内の労働者の賃金の上昇や雇用の増大をもたらすというのは誤りである。

企業（多国籍企業、超国家企業）だけが成長し、市民の生活は企業収益のために犠牲にされている。グローバル展開している衣料量販店「ユニクロ」を経営する柳井正氏は、朝日新聞のインタビューにおいて、これからの労働者の処遇は年収一億円と年収一〇〇万円とに二分されるとし、労働者に対して「Grow or Die（成長か、さもなければ死か）」の選択を迫っている。しかし、年収一億円の労働者はごく一握りで、大多数は年収一〇〇万円に収斂されるであろうことは容易に推測できる。

企業収益の増大のみを目標とする安倍政権の雇用規制緩和政策は、社会の中によりいっそう格差と貧困を拡大させるだけである。

●「限定正社員」（ジョブ型正社員）について

規制改革会議や産業競争力会議は、経済成長のためには「行き過ぎた雇用維持型から労働移動支援型への政策転換」が必要であるとし、そのための政策課題として、多様な正社員の普及・拡大、労働時間法制の見直し、有料職業紹介事業の民間開放、労働者派遣制度の見直しなどを掲げている。

ここでは、「多様な正社員の普及・拡大」について述べる。規制改革会議や産業競争力会議は、これまでの「無限定正社員」とは異なり、勤務地や職種が限定され、あるいは残業を強制されない「限定正社員」（ジョブ型正社員）という新たな正社員層を拡大させようと提唱している。

まず、最初に注意しておかなければならないことがある。規制改革会議や産業競争力会議は、これまでの正社員を「無限定正社員」として、あたかも勤務地や職種の限定がまったくなく、無制限に配転が可能であるかのように描いているが、誤りである。確かに欧米に比べて、わが国においては一般的に勤務地や職種の限定が緩やかな傾向がある。しかし、まったくの無制限であるという働き方は存在しない。個々の労働契約ごとに限定の程度は異なるのであるが相当な限定がなされているのである。今回の「多様な正社員の普及」は、あたかも正社員に対する配転が自由であり、正社員労働者は使用者による配転命令を拒絶できないとの誤解を生む危険なものであることを指摘しておきたい。

勤務地や職種が限定され、配転に応じる義務がないことや残業を強制されないことは、労働者にとって好ましいことである。そもそも、欧米の労働契約は、一般に勤務地や職種が限定されているのであり、勤務地や職種が無限定であることは異常なのである。ワークライフバランスを考えたときに、労働者にとって、勤務地や職種が限定されること、残業がないことは歓迎すべきことである。

ただし、その限定のために、解雇が容易であったり、賃金をはじめとする処遇が一般の正社員に比べて劣悪であってはならない。経営の悪化によって、労働者が勤務する営業所が閉鎖されるのであれば、使用者は労働者を他の営業所において就労させる努力をすべきであり、労働者が担当していた職種が廃止される場合にも他の職種への移動による就労の確保を図るべきである。

また、勤務地や職種が限定されていることを理由として、賃金などの労働条件について一般の正社員と格差を設けることを許すべきではない。同じ仕事をしているのであれば同じ処遇をすべきことは、ＩＬＯの一〇〇号条約などで認められた国際的な基準であり、世界の常識である。ところが、規制改革会議や産業競争力会議が推進しようとしている「限定正社員」（ジョブ型正社員）制度は、勤務地や職種を限定することによって、解雇を容易にすることを認めたり、一般の正社員に比して劣悪な処遇をすることを認めたりするものである危険性が高いのである。

じつは、「限定正社員」は安倍政権になって突然言い出されたモノではない。民主党政権下において、「望ましい働き方ビジョン」という形で、厚労省が打ち出している。勤務地・業務などが限定される、そうした正社員モデルを「多様な正社員」として普及する、これが、厚労省が考えてきた「望ましい働き方ビジョン」である。厚労省の「望ましい働き方ビジョン」では、「限定正社員」は、正規雇用ではなく非正規雇用として位置づけられていた。一般の正社員に比べて処遇が低いことを認めているのである。

近年、「同一価値労働同一賃金」原則という用語を、経営者団体の関係者が盛んに使っていた。「同一労働同一賃金」とはけっして言わない。そもそも「同一価値労働同一賃金」の用語は、ＥＵやＩＬＯではどう使われているのだろうか。同一労働同一賃金原則を当然の前提として、現在従事している職務がただちに同一であるとは認定できなくても、価値的評価において同一だと認定される場合には、同一の処遇を与えなければならない、これが国際的な「同一価値労働同一賃金」原則である。

これに対して、財界や政権が言ってきた「同一価値労働同一賃金」は何か。これからの人材活用の仕組みが違う、配置転換の仕組みが違う、残業するかしないかが違う、勤務地が例えば京都に限定されているのか全国どこでも回るのか、それが違うから、違う処遇にしても良い、今の仕事が全く同じことをしていても、将来の担当の可能性が違うのであれば、現在においても違う処遇にしてもいいんだ——そんな意味で「同一価値労働同一賃金」という言葉を使っている。ぜひ、この違いをしっかりと見極めて、今やっている仕事が同じであれば同じ処遇にするという国際基準を、日本の中でしっかりと確立させていく必要がある。「限定正社員」の制度は、「同一価値労働同一賃金」原則の誤った解釈の方向で普及されようとしているのである。

●労働者派遣法の大改悪

派遣労働者は、派遣先正規労働者と同じ仕事をしていても、賃金をはじめ労働条件について著しい格差が存在する。そして、いくら長期間継続して働いても、昇級、昇格が予定されていない。やり甲斐のある仕事を任せてもらうこともない。景気が悪くなれば、真っ先に職場から排除されてしまう。派遣先の正社員に逆らえば、期限が到来したとして職場を追い出される。そして雇用が打ち切られる。雇用の不安を抱えビクビクしながら毎日毎日低賃金で働き続けるのである。

こうした派遣による働き方を間接雇用という。労働者が賃金をもらう雇用者（派遣元）と別の使用者（派遣先）の指揮命令を受けて仕事に従事するのである。派遣先と派遣元との関係は派遣契約という商取引であり、経営上の理由でいつでも解約が可能だとされている。派遣先にとって、派遣労働者は原料や材料と一緒の「モノ」扱いなのである。コストを計算し、価値がなければ簡単に取り替えるのである。派遣契約が切られてしまうと、そこで働いていた派遣労働者は仕事がなくなってしまう。派遣元は、派遣労働者の雇用者として雇用の責任があり別の仕事を見つけるべき立場ではあるが、簡単に仕事を確保できるはずはない。仕事がなくなってしまったことを理由に解雇や雇い止めが簡単に認められてしまうのである。派遣労働者は賃金その他の労働条件について、派遣先と交渉することができない。派遣労働者が労働組合に加入しても、所属の労働組合には派遣先と団体交渉をする権利が認められていない。

派遣（間接雇用）という働き方は、労働を単なる商品と同様に扱うものであり、直接雇用に比べてきわめて労働者にとって不安定で不利な働き方である。だからこそ、直接雇用が原則であり、派遣労働は例外とされてきたのである。派遣労働が直接雇用に置き換わる「常用代替」は禁止されてきたのである。

ところが安倍政権は、多くの労働者、労働組合の反対を押し切って、二〇一五年九月労働者派遣法の改悪を強行した。

改正労働者派遣法は、直接雇用の派遣労働への置き換え、すなわち常用代替の流れを急激に進めるものである。これまで通訳や秘書などの「専門二六業務」を除き、企業が派遣社員を使える期間は三年が上限であった。工場で生産ラインに派遣を導入している企業は、三年を超えてそのラインで派遣を使うことはできなかった。ところが、改正法は、無期派遣労働者はもちろん、有期派遣労働者であっても派遣労働者を三年ごとに入れ替えれば、ずっと派遣労働者を使い続けられることにしたのである。派遣労働者は使い捨てられるのに対し、企業は派遣を使用し続けることができるのである。

派遣労働は一九八五年に導入されたのであるが、「基本は正規雇用。派遣は例外」という原則があった。今回の法改正は、一九八五年の派遣労働法制定以来の理念をかなぐり捨てるとんでもない悪法である。

●労働時間法制の改悪

安倍政権は、二〇一五年四月「労働基準法等の一部を改正する法律案」を国会に提出した。二〇一六年七月現在、同法案は再度継続審議となっている。同法案は、「特定高度専門業務・成果型労働制（高度プロフェッショナル制度）」を創設し、高度専門的知識を要する業務において、年収が平均給与額の三倍の額を相当程度上回る等の要件を満たす労働者については、労働基準法で定める労働時間並びに時間外、休日及び深夜の割増賃金等に関する規定を適用しないものとしている。この制度は、我が国の長時間労働の蔓延、過労死及び過労自殺が後を絶たない深刻な現状において、更なる長時間労働を助長しかねない危険性を有するものである。また、同法案は、企画業務型裁量労働制について、対象業務を拡大するとしている。裁量労働制によれば、労働の量や期限は使用者によって決定されるため、命じられた労働が過大である場合、労働者は事実上長時間労働を強いられ、しかも労働時間に見合った賃金は請求し得ないという問題が生じる。よって、長時間労働が生じる恐れのある裁量労働制の範囲の拡大は慎重に検討されるべきである。

なお、政府は、上記制度の創設や見直しと同時に、働き過ぎ防止のための法制度の整備を同法案の目的として掲げている。しかし、同法案には、労働時間の量的上限規制や休息時間（勤務間インターバル）規制のように、直接的に長時間労働を抑止するための実効的な法制度は定められていない。政府の法改正の進め方は、長時間労働に対する実効的な法規制を何ら用意しないままに、労働時間法制の規制緩和のみを先行して導入しようとするものであり、本末転倒である。労働者の命と健康を守る観点からすれば、政府の議論の進め方そのものにも大きな問題があるといわざるを得ない。

第２部

「ニッポン」の働き方を変える方法

はじめに

第1部で紹介したとおり、安倍政権による規制緩和政策のもとで激しく雇用の崩壊が進んでおり、一般労働はもちろん、若者雇用や女性雇用は矛盾が集中し深刻な事態となっている。

にもかかわらず、安倍政権は、若者雇用の健全化を謳い、「女性活躍推進」を掲げる。夏に行われる参議院選挙を意識して「最低賃金の引き上げ」「労働時間の上限規制」「同一労働同一賃金」など、これまで安倍政権が推進してきた規制緩和政策と一八〇度矛盾する政策の表題だけを唱えだしている。これらの政策提言はいままでわれわれ労働者の側に立つ者が執拗に提言していたものである。安倍政権の労働法制規制緩和路線が破綻し、政策転換を余儀なくされていることの証であることとともに、安倍政権によるこれらのかけ声は選挙目当てのごまかしに過ぎず、真の実効性ある政策の実現は安倍政権には期待できないことを明確にしておくことが重要である。第2部ではこうした観点から、人間らしく働くためにはどのように制度改革をしていけば良いのか、掘り下げて検討してみたい。

以下では、まず、長時間労働をなくすための法規制のあり方を提言したい。そして、なぜわが国では長時間労働が蔓延してしまっているのかを「ワークライフバランス」(仕事と家庭の両立)の観点から検討し、わが国の「性別役割分担」の問題点に言及する。そして、企業のためには家族を犠牲にして仕事に邁進する「正規社員」とそれ以外の「非正規社員」という身分的な二重構造における格差問題を検討し、非正規雇用問題解消のための方策を提言したい。最低賃金の引き上げや公契約条例制定の必要性、有期雇用の規制などについて提言するほか、とくに「同一労働同一賃金」については、あるべき制度の提案とともにどうやってわが国で実現していくのかについても提案したい。

最後にこうした労働規制の制度改革は、教育や社会保障制度の改革とセットで進めなくてはならないことを強調している。第3部でデンマークとオランダの制度を紹介するのはこうした観点からである。

本書は私がこれまで個人的に考えてきたことを整理したものではあるが、私が実行委員長を務めた二〇一五年一〇月開催の日弁連人権擁護大会シンポジウム「女性と労働」において、多くの関係者のみなさんと作り上げてきた集団的検討の成果を取り入れさせてもらっている。今後、労働法制の制度改革を議論するにあたって、本書を多少なりとも参考にして頂ければ幸いである。

第一章　長時間労働の規制を！

1　依然として多い長時間労働

二〇一四年の月間総労働時間は一四五・二時間（年間換算一七四二・四時間）であり、前年度から〇・四％減少した。もっとも、業種ごとにかなりの格差があり、「建設業」が一七三・二時間、「運輸業・郵便業」が一七三・三時間となっている。しかも、上記調査結果は「パート労働者」などの非正規労働者も含めた統計である。非正規労働者の割合はすでに四〇％近くまで上昇しているのであり、正規労働者の長時間労働の実態は改善されていないと考えられる。

「毎月勤労統計調査」が企業からの聞き取りであるのに対して、総務省統計局「労働力調査」は労働者からの聴き取りによる調査である。「労働力調査」は、サービス残業も含めた実態に近い統計といわれる。「労働力調査」によれば、年間総労働時間は、二〇一二年には二〇九五時間、二〇一三年には二〇六四時間となっている。特に男性の年間労働時間は二三〇〇時間で推移しており、長時間労働はまったく改善されていないことが明らかである。

二〇一四年の同データを見ると、週六〇時間以上働いている就業者は五六六万人にものぼる（その内訳は、六〇～六九時間が三五二万人、七〇～七九時間が一四一万人、八〇時間以上が七四万人）。年齢別でみると、二五～四四歳の男性ではおよそ四人に三人が週四三時間以上就業しており、二割程度が週に六〇時間を超えて働いている。特に、三〇代男性で、週労働時間六〇時間以上の者は、二〇一二年において一八・二％、二〇一三年では一七・六％と、以前より低下したものの、高水準で推移している状況にある。

ＯＥＣＤが二〇一四年に発表した国際比較によれば、休日を含む一日あたりの男性の平均労働時間は、日本が三七五分とＯＥＣＤ二六か国中最長で、平均の二五九分を大きく上回っており、時短先進国のフランス（一七三分）の約二倍以上となっている。また、総務省「就業構造基本調査」によると、二〇一二年時点で正規の職員・従業員で、かつ、年間就業日数が二〇〇日以上の雇用者は三二〇一万人であるが、そのうち週間就業時間（週労働時間）が四三時間以上の雇用者は一九七一万人と六三・六％を占めている。中でも、週間就業時間（週労働時間）が六〇時間以上、すなわち、一か月の時間外労働時間に換算すると、いわゆる過労死ラインである八〇時間を超える約八六時間という長時間労働をしている人が四三四万人で全体の一四・〇％にのぼる。以上のことから、正規労働者は依然として長時間労働に従事しているといえる。

こうした中で、過労死や精神疾患等に関する労災補償請求件数・支給決定件数が高水準で推移するなど、労働者の健康確保について深刻な状況が明らかになっている。厚労省「脳・心臓疾患と精神障害の労災補償状況」によれば、脳・心臓疾患についての労災請求件数は、一九九七年度以降徐々に増加し、二〇〇六年度の九三八件をピークに、その後は七〇〇件台後半から八〇〇件台後半で推移し、高止まりの状況にある。支給決定件数も、二〇〇一年度に初めて三桁台となった後、翌二〇〇二年度には前年度と比べて倍増し、その後、二〇〇件台後半から三〇〇件台中頃を推移し、二〇一三年度は三〇六件、二〇一四年度は二七七件と高水準で推移している。

他方、精神疾患の労災請求件数は、一九九七年度以降増加し、二〇一四年度は一四五六件で過去最多を更新した。認定件数も、増加傾向が続き、二〇一四年度は四九七件、このうち自殺（未遂を含む）の請求件数は二一三件、認定件数は九九件とともに過去最高となっている。

2 事実上無制限な労働時間規制

わが国において長時間労働の実態が改善されないのは、現行の労働時間法規制が不十分だからである。労働基準法三二条は、労働時間について、週四〇時間、一日八時間と規定している。しかし、その規制については、変形労働時間制や裁量労働制などのいくつもの例外規定を設けている。そして、労働組合との協定締結によって、時間外労働、休日労働が無制限に容認されている（労基法三六条）。厚生労働省の過労死認定ラインである月間八〇時間を超える残業も何らの法的制限がかかっていないのが現状である。

確かに、一九九三年の労基法の改正を受けて、「労基法第三六条第一項の協定で定める時間外労働の延長の限度に関する基準」（平成一〇年労働省告示第一五四号）が定められ、労使協定で認められる労働時間の延長の限度が一週一五時間、一か月四五時間とされているが、これには、工作物の建設等の事業、自動車の運転の業務、新技術、新商品等の研究開発の業務、厚労省労働基準局長が指定する事業または業務といった適用除外業務があり、また、そもそもこの限度基準は告示にとどまり、法的拘束力を持たない。さらに、上記限度時間を超えて労働時間を延長しなければならない「特別の事情」が生じた場合は、事前に限度時間を超える一定の時間（特別延長時間）まで労働時間を延長できる旨を協定・届出することにより、限度時間を超える時間の延長ができることとなっている。こうした特別条項付き労使協定では、限度に関する基準はなく、事実上、時間外労働時間の上限は無制限とならざるを得ない。

厚労省が二〇一三年一〇月三〇日に労働政策審議会労働条件分科会に提出した「平成二五年度労働時間等総合実態調査」（全国の労働基準監督署の労働基準監督官が事業場を臨検監督して把握した労働時間等の実態）によれば、特別条項付き時間外労働の労使協定締結事業場は四〇・五％で、前回、同調査が行われた二〇〇五年の二七・七％から大幅に増えており、また、大企業六三・三％、中小企業二六％と圧倒的に大企業が多いことが分かる。同調査によれば、特別条項の延長時間の一か月平均時間は七七時間五二分、一年間の定めがある事業場ではその延長平均時間が六五〇時間五四分となっているほか、一年間で八〇〇時間超の延長時間を定めたものの割合が一五％、一〇〇〇時間超の延長時間としたものも一・二％あることも明らかとなっている。

3　諸外国の労働時間規制

●EU法による労働時間規制

EU（欧州連合）における労働時間規制は、基本的に労働時間指令により行われる。現在は、二〇〇三年の労働時間規制により労働時間が規制されていると紹介されており、そこでの規制内容の概要は以下のとおり報告されている。

(1)二四時間当たりの休息時間の規制

二四時間について最低でも一一時間の休息時間を求めている。その結果、一日の拘束時間（労働時間と休憩時間を合わせた時間）の上限は一三時間になるとともに、不規則な労働時間（例えば、午後一一時から翌日午前八時までの勤務をした後、その日の午後五時から勤務に入る等）も規制されることになる。

(2) 週当たりの休息時間

七日ごとに原則として連続三五時間の休息時間を求めているが、そこの場合、変形制も認められているが、そのの算定基礎期間は一四日間である。例えば、二週間のうち、一一日間連続して勤務されることは可能だが、その場合には必ず三連休を与えることになる。

(3) 週労働時間

七時間外労働を含めた七日当たりの労働時間が四八時間を超えないことを求めている。この場合も変形制が認められているが、その算定基礎期間は四か月である。例えば、三か月間、週の労働時間を四〇時間にした場合には、一か月間だけ週の労働時間を六四時間にすることができる。ただし、前記のとおり、休息時間の原則があるので、実際に週に六四時間の労働時間を適法に行うことができるかはかなり疑問である。

(4) 加盟国の労働時間の状況

前述のＥＵ指令を受けて、法定の最長労働時間は、週当たりで、フランス、ドイツ、イギリス等は四八時間であるが、フィンランド、ノルウェー、スペイン、スウェーデン等は四〇時間であり、ベルギーは三八時間である。一日当たりでは、フランスが一〇時間、ドイツが八時間、イギリスが一三時間、フィンランドが八時間、ノルウェーが九時間、スペインが九時間、スウェーデンが一三時間、ベルギーが八時間である。週平均の実労働時間もフランスが三八時間、ドイツが四〇・五時間、イギリスが四〇・五時間、フィンランドが三七・八時間、ノルウェーが三七・五時間、スペインが三九・四時間、スウェーデンが三九時間、ベルギーが三八・六時間である。これらの国にも、一定の厳格な要件のもと、労働時間規制の適用除外となる労働者がいるが、そのような労働者は、ドイツで数%、フランスでも二〇%程度にとどまり、このような労働者について、日本のように「過労死」が問題となることもない。

●アメリカにおける労働時間規制

⑴ 米国のホワイトカラー・イグゼンプション

米国で公正労働基準法（ＦＬＳＡ）によって週四〇時間を超える労働に対しては通常の賃金の五割増の支払いが使用者に義務づけられている。労働時間の限度規制やインターバル規制はない。深夜労働や休日労働も同じ割合である。この残業代支払い義務を免れる制度がホワイトカラー・イグゼンプションである。この制度は、腕力・身体的技能及び能力を用いて、主として反復的労働に従事する肉体的労働者その他のブルーカラー労働者には適用されない。また、原則として、実際に労働した日時や時間にかかわらず、あらかじめ定められた金額を支払う俸給ベースの労働者が対象であり、時給制や日給制の賃金労働者は対象とならない。ホワイトカラー・イグゼンプションは一九三八年のＦＬＳＡ制定時から存在し、一九九九年時点ですでに制度適用労働者（残業代ゼロ労働者）は、約二五五三万人（全体の約二割）、そのうち一割近くが年収三〇〇万円未満で、収入が多くない者にも広く適用されていた。

二〇〇四年改正により、俸給要件は週二五五ドルから週四五五ドル（年収換算で二万三六六〇ドル（約二八三万円））以上に引き上げられたが、すでに、俸給労働者（時間給を除く）の八九%はこの金額を上回っていた。かえって、改正により、職務要件が緩和され、また、適用基準が曖昧にされ使用者による制度の濫用も増えたため、適用労働者が増加したと評価されている。日弁連貧困本部は、二〇一五年一月末にニューヨークおよびワシントンに調査団を派遣し、米国のホワイトカラー・イグゼンプションについて調査を行い、私も同調査に加わった。以下は調査結果の報告である。

(2) ホワイトカラー・イグゼンプションの見直し

ＦＬＳＡは、管理的（executive）労働者、運営的（administrative）労働者、専門的（professional）労働者、コンピューター関連労働者、および外勤セールス労働者については、最低賃金と時間外割増賃金の両方の規定の適用を除外している。高額報酬労働者（Highlycompensated employees）についても適用除外としている。これら適用除外とされる労働者の範囲は、労働省の規則で詳細に具体的職務内容と俸給要件が規定されている。

二〇〇四年改正は、多発していたイグゼンプション適用の該当性をめぐる残業代支払訴訟を抑止することが大きな目的だとされた。しかし、改正後残業代支払請求訴訟はさらに増加している。改正によって適用基準が緩和され、さらに曖昧になったためであると評価されている。

二〇一四年三月、オバマ大統領は残業代規定適用対象者数を増やすために、公正労働基準法（ＦＬＳＡ）のもとでの現在のホワイトカラー・イグゼンプション制度の改革をトマス・ペレス労働長官に指示する覚書を出した。大統領はホワイトカラー・イグゼンプションが「現代の経済に追いついておらず」、「これらの規則が時代遅れのため、何百万もの米国人が残業代や最賃の権利からも保護されていない」と述べている。労働省において改正作業が進められている。私たちの質問に対して、労働省のワイルド・デービッド賃金時間局長は、具体的な改正内容については秘密であると回答したが、同局長の発言や関係者からの聴取によれば以下の三点について改正がなされるとのことであった。第一に、週四五五ドルの俸給基準の大幅な引き上げである。第二に、俸給基準の物価連動性の採用である。そして、第三に、職務基準の簡素化・明確化である。

調査後の二〇一六年五月一八日、アメリカ労働省（ＤＯＬ）は規則改正を確定し、同年一二月一日から施行するとした。俸給基準を年収換算すると二万三六六〇ドル（約二五九万円）から四万七四七六ドル（約五二〇万円）への大幅引き上げである。報酬基準は、今後三年ごとに見直し、二〇二〇年には五万一〇〇〇ドル（約五五八万円）以上になることが見込まれている。拡がりすぎたホワイトカラー・イグゼンプションを規制する方向で作業が進められ、公正労働基準法の残業代規定適用対象者数を増やす方向の改革である。アメリカ労働省によれば、この改正によって残業代規定適用対象者が全米で四二〇万人ほど増加するとのことである。

(3)ホワイトカラー・イグゼンプションの対象者

使用者に言われて、自分はイグゼンプション（残業代不払い）適用者だと思ってしまっている労働者が多い。ニューヨークなどで働く若年ホワイトカラー労働者の中には、自分が残業代をもらえるなどということを考えたことがないという者が多数存在するという。ホワイトカラー・イグゼンプションの適用要件の具体的判断基準について規則には詳細な規定が存在する。しかし、自分の職務がそれに該当するのか否かを判断することは困難を極めており、裁判が多発する原因も要件該当性の判断がきわめて難解であることが大きい。使用者からイグゼンプション適用者に該当すると言われれば、それに反して行動することは米国でも難しいのである。

ホワイトカラー・イグゼンプション適用労働者については、一九九九年に二五五三万であったとの統計資料がある。これは、全米の労働者の約二割にあたる。米国では、その後共和党政権下であったことも影響し、二〇〇四年の改正後のイグゼンプション適用者についての統計資料が存在しない。二〇〇四年の改正によっ

資料1　イグゼンプション労働者と非イグゼンプション労働者の労働時間の対比

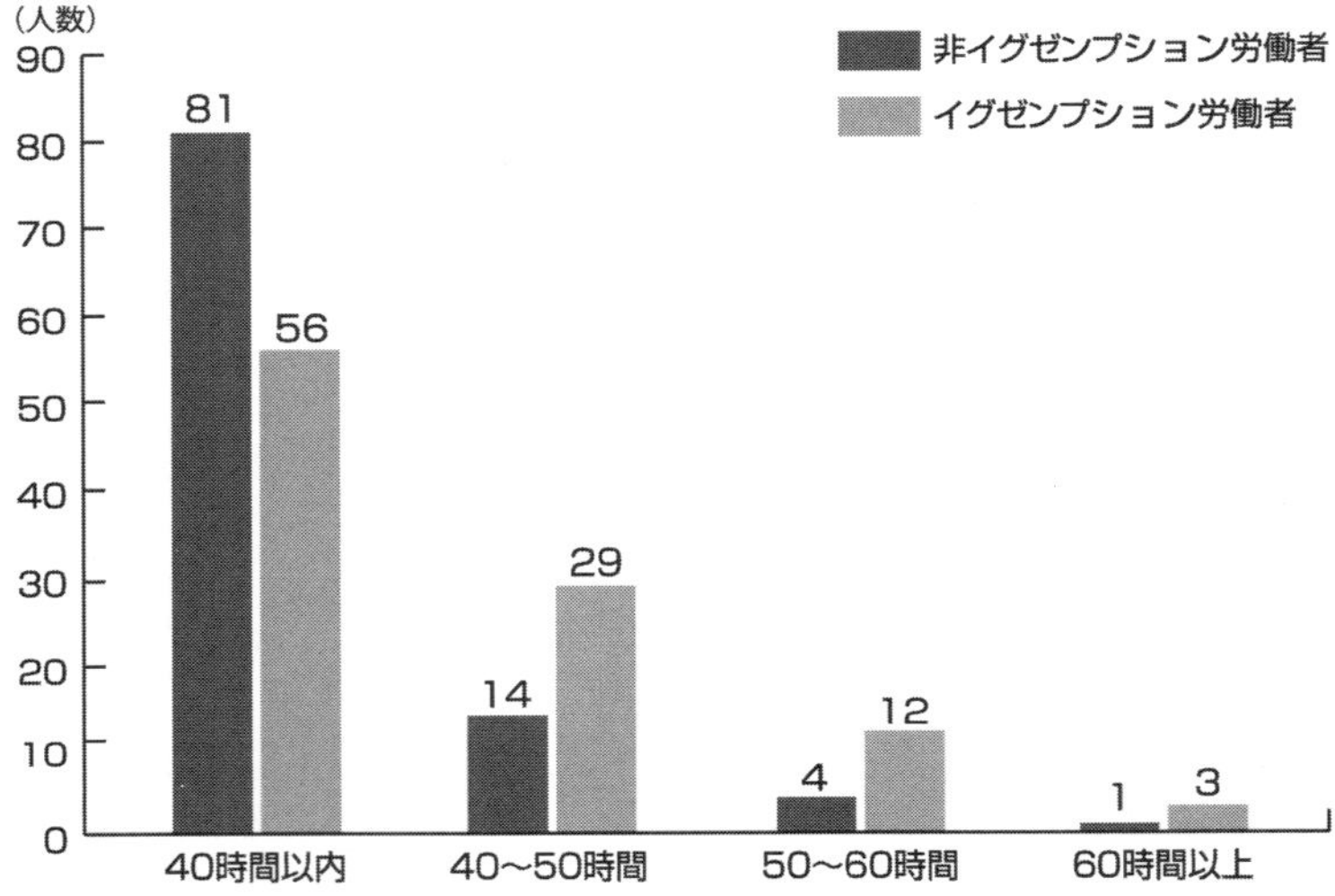

出典 GAO, "Fair Labor Standards Act - White-Collar Exemptions in the Modern Workplace," September 1999

て、俸給基準が週二五〇ドルから週四五五ドルに引き上げられた。しかし、二〇一三年時点で週給四五五ドル以上の労働者は給与（週給・月給制）労働者の八九％であり、ほとんどの労働者はこの基準は満たしている。二〇〇四年改正によって職務基準が緩和され不明確となったことによって、イグゼンプション適用者は増加したというのが大統領府や労働省、労働組合の見解である。

(4) イグゼンプション労働者の労働時間

今回アメリカ調査で入手した資料の中に、イグゼンプション労働者と非イグゼンプション労働者の労働時間を対比した資料がある（資料1）。一九九九年の資料であるが、週四〇時間内で労働する者が、非イグゼンプション労働者の中では八一％であるのに対して、イグゼンプション労働者の中では五六％に過ぎない。イグゼンプション労働者が非イグゼンプト労働者に比べて長時間労働を強いられる傾向にあることが伺える。

今回の調査において、「日本では残業代をもらえなくなれば労働者はダラダラと残業することがなくなり労働時間が短くなるという見解があるがどう考えるか」との私たちの質問に対して、いずれの聴取先でも「そんな考えは馬鹿げている」と一笑に付された。「使用者は残業代を払わなくてすむのであればいくらでも残業を命じるのであり、残業代を払わなければならないのであれば残業を命じるのは必要最小限の範囲に限定するのであり、労働者はそれに従わざるを得ない。日本では何という空論を展開しているのだ」と呆れられた。残業代を払わなくて良い労働者は労働時間が長い傾向にあることは、米国の実情からも明らかである。

4 あるべき労働時間規制

わが国では、一般労働者（フルタイム労働者）の年間総実労働時間が他の先進国と比較して異常に長く、労働者の生命や健康、ワークライフバランス保持、過労自殺及び過労死防止の観点から、長時間労働の抑止策は喫緊の課題であるが、これに対する実効的な制度が定められていないことは大きな問題である。

早急に長時間労働を是正するための実効的な法制度を構築することが必要である。第一に日、週及び年ごとの時間外労働時間も含めた総労働時間の上限を確定することが考えられる（例えば、一日一〇時間、週四八時間、年一二〇〇時間まで）。職務の性質による例外規定は必要であろうが、対象職務の選定は厳格になされなければならない。完全実施までの一定の猶予期間も必要であろうが、できる限り短期間とすべきである。

また、一日の最終的な勤務終了時から翌日の勤務開始時までに、睡眠を含めた十分な休息時間を確保できる一定時間の間隔を保つことを保障する、いわゆるインターバル規制も導入すべきである（例えば一一時間）。さらに、年次有給休暇の最低付与日数の引上げや年次有給休暇の取得促進に向けた施策等、長時間労働削減に向けた休暇制度を構築すべきである。

第二章
真のワークライフバランスの実現を！

1 ワークライフバランスの保障

なぜ、わが国では長時間労働がいつまでも放置されているのだろうか。ここでは、いびつなわが国の「ワークライフバランス」（仕事と家庭生活の調和）の実態に焦点を当てて検討し、社会や家族の一員としてふさわしい「ワークライフバランス」を実現するための方策について提言してみたい。

憲法は二五条で、「健康で文化的な最低限度の生活を営む権利」を保障するとともに、二七条において勤労の権利・義務を定め、賃金・労働時間等の労働条件については法律で定めることを規定した。二八条では「勤労者の団結権、団体交渉権、その他の団体行動権」を保障している。一九四七年四月七日に労働基準法（労基法）が制定され、同年九月一日に施行された。

労基法は、一条一項で、「労働条件は、労働者が人たるに値する生活を営むための必要を充たすべきものでなければならない」と定め、二項で、「この法律で定める労働条件の基準は最低のものであるから、労働関係の当事者は、この基準を理由として労働条件を低下させてはならないことはもとより、その向上を図るように努めなければならない」と規定した。労基法は最低限の労働条件を定めた法律であり、その違反に対しては刑事罰を定め、その実効性を確保している。「人たるに値する生活」を充たす水準については、行政解釈は「標準家族」の生活を含めて考えるものとしており（昭二二・九・一三発基一七号）、「標準家族」とは、「その時の社会の一般通念」によって理解されるべきものとされている（昭二二・一一・二七基発四〇一号）。家族とともに生活できることが「人たるに値する生活」の水準であることを確認しているのである。

つまり、労働者は自分と家族が人間として生活を維持するのに必要な労働条件を確保することが保障されているはずなのである。

2 ワークライフバランスの実現のために

ワークライフバランスを実現するために労働時間の短縮は決定的に重要である。なのにわが国で、労働時間の短縮が進まないのはなぜか。家事、育児、介護など社会人としての家族的責任が、男女間できわめていびつな形となっていることが大きな原因である。すなわち、家事、育児、介護といった家族的責任に費やされる時間のほとんどは、女性が費やしており、男性は限りなくゼロに近いといった、世界的に見ても極端に女性に偏っている家族的責任分担の現状が存在する。

それでは、法制度はどうなっているのであろうか。一九九五年にわが国はＩＬＯ一五六号条約を批准し、締約国として、職業上の責任と家族的責任の両立を図るための措置をとることになった。同条約は家族的責任を有する男女労働者が家族的責任と職業上の責任を調和させて働けるようにすることを目的とする。第一には家族的責任を有する男性労働者と女性労働者の平等を、第二には家族的責任を有する労働者とその他の労働者の平等を実現することを目的としている。条約の前文は、そのために、家族的責任を有する労働者の特別のニーズに応じた特別措置とともに、一般労働者の全般的な労働条件を改善する措置をとるべきであることを述べている。保育施設の充実や、妊娠・出産・育児に係わる権利などは特別措置である。一般的な措置としては、一六五号勧告が掲げている「一日の労働時間の漸進的短縮、時間外労働の短縮」（第一八項）等である。

わが国では、一九九一年、男女ともに育児休業を認める育児休業法が制定され、その後改正され、介護休業も法制化されて、育児介護休業法へ改正された。育児介護休業法は、その後も改正され、現在では、短時間勤務制度の採用も事業主の義務とされ、子の看護休暇制度が設けられるなど、企業規模を問わず、すべての事業主に適用されるようになった。育児休業期間中の所得保障についても、雇用保険からの給付がなされるようになり、公的な助成金制度なども設けられ、整備されてきている。

さらに、一九九九年には、男女共同参画社会の形成を二一世紀の最重要課題と位置付け、国、地方自治体、国民の責務を定める男女共同参画社会基本法が制定された。さらに、二〇〇三年には、次世代育成支援対策推進法が制定され、仕事と子育ての両立をはかれるように、国、地方自治体、事業主、国民の担うべき義務を明記した。

以上のとおり、法整備は相当程度進んできたといえる。ところが、市民の間では、依然として家事・育児は女性が負担すべきものとする固定的な役割分担意識が根強い。育児休業は男女ともに認められているにもかかわらず、男性の取得率はいまだ二％台と低い。父親の育児休業取得率が低い理由としては、育児は女性が担うものとの伝統的な性別役割分担意識が払拭されていないこと、男性が育児休業をとりやすい職場環境が整備されていないこと等が考えられる。また、男女賃金格差がある限り、夫婦で収入が低い方（多くは妻）が取得せざるを得ないという現実もある。

男女ともに、人間らしく働くことができる、真の意味でのワークライフバランスが確保される施策が求められている。

3 安倍政権の女性労働力政策

●安倍政権の成長戦略での女性の位置付け

二〇一二年に発足した第二次安倍政権の成長戦略では、女性の活躍を中核に位置づけ、「すべての女性が輝く社会」を実現するとされた。「アベノミクス」と呼ばれる政府の経済政策では、「我が国最大の潜在力である『女性の力』を最大限発揮できるようにすることが不可欠」として、女性の力を日本企業の「稼ぐ力」を取り戻す中心的な「担い手」として位置付け（『日本再興戦略』改訂二〇一四―未来への挑戦」）、「指導的な地位を占める女性の割合を三割に」「女性の就業率は五％アップ」など、政策項目毎に明確な成果指標（KPI ＝ Key Performance Indicator）を定めている。そして二〇一五年通常国会において、「女性活躍推進法」が成立した。同法は、国、地方自治体、企業等に、女性の採用比率や女性の管理職比率のいずれかについて目標設定を義務づけ、情報公開等を含む行動計画を作成する事などを内容とするものであり、評価できる。しかし、同法には、女性の活躍を阻んでいる労働実態の解決策が何ら提起されていないのである。

●成長戦略で女性は「輝く」か？

男女雇用機会均等法制定から三〇年たった今日においても、第一子出産後六割の女性が離職している。そして、安倍政権は使い捨て労働の典型である派遣労働を企業が永続的に使い続けられるように労働者派遣法の改正を強行した。さらに、労働時間規制を大きく緩和する労働基準法の改正を強行しようとしている。女性労働の六割を占める非正規労働を放置したまま女性の活躍を唱えても、女性全体の地位の向上は期待できず、女性の中に男性並に猛烈に働く女性正社員と一般女性労働者との格差を拡大する結果をもたらすだけである。

4 ワークライフバランス欠如の原因＝性別役割分担の解消を

●性別役割分担とは

「性別役割分担」とは、いわゆる「男は外で働き、女は家で家事・育児をする」という分業形態を意味する。具体的には、家庭生活を維持するための仕事を、生活に必要なものを買うために外で仕事をして生活費を稼ぐ仕事と、家の中で料理、洗濯、掃除などの家事、育児、介護の仕事とに類型的に分割し、それぞれ夫（男性）と妻（女性）に分担させるという規範（考え方）ないし実態のことである。

●性別役割分担がもたらすもの

本来、自己の職業や経済活動、家事、育児、介護の分担は、性別にとらわれず夫婦間で自由に決せられるべきものである。にもかかわらず、わが国の社会には性別役割分担の実態と意識が根強く残っている。女性の自立を阻む様々な社会構造に加え、この性別役割分担の意識が、女性の就業に対する差別意識を生み、女性自身にも自立を躊躇させ、女性の社会進出を阻んできた。

近年、女性労働者は飛躍的に増加した。しかし、女性労働者のうち約六割がパート・派遣・契約社員等の非正規労働者である。一九八五年から二〇一四年までの三〇年間で女性労働者は八八八万人も増加したが、うち正規労働者は二五万人だけであり、非正規労働者は八六二万人も増加したのである。女性の経済活動はあくまで家計補助的であり、非正規雇用として女性は低賃金化する傾向にある。家庭内労働に従事する時間を確保するため、職場において長時間の労働をすることを選択することができない女性は、結婚や出産を契機に離職せざるを得ない。また、もっぱら女性が家事・育児に従事するという意識の下では、妊娠・出産に関する嫌がらせ、いわゆるマタニティハラスメントを受けて離職を決意せざるを得なくなるケースも多数存在する。そして、妊娠・出産を機に正社員の職を離職した女性は、夫との死別や離別により単独で子どもを養育する場合などは、経済的に非常に困窮する。他方、「女性を養う」ことを義務付けられてきた男性たちは、家事や育児、地域の活動は女性に押しつけ、これらの活動から切り離される。

さらに、性別役割分担の影響として、「家庭内労働は女性が家庭において無償で行う労働」という意識が生じ、これが家庭内労働の価値を不当に低く評価する一因となり、家庭内労働の延長線上にある保育・介護労働等のケアワークが、女性に適した、さほど専門性の高くない職業であるかのごとくみなされ、他の職種と比べ低賃金で劣悪な労働条件の仕事と評価されている。

5 性別役割分担解消に向けて

わが国内では性別役割分担の意識と実態が根強く残っている。いまだ家事・育児・介護は女性の仕事とされ、外での就労において、女性は短時間で低賃金の非正規雇用として勤務せざるを得ない。長時間労働を前提とした経済活動では、家事・育児をしながら活動に参画することが困難になり、男性が経済活動のみを行い、女性が家事・育児・介護を行うという悪循環が生じる。性別役割分担を解消するためには、男女労働者の労働時間は一日八時間、週四〇時間を上限とすることが必要である。これを超える時間外労働は例外的なものであり厳格に規制すべきことをあらためて確認する必要がある。男性に対し単に家事労働の分担を求めるだけではなく、正規労働者の大部分を占める男性の働き方を変え、家庭内労働を分担し合えるように労働環境を整えなければならない。

そして、性別役割分担の意識そのものを解消するためには、学校、職場、家庭、地域におけるジェンダー平等教育を充実させる必要もある。私が見たスウェーデンの小学校の教科書には男性（父）が調理をする場面の絵が大きく掲載されていた。

長時間労働を基盤とする日本の経済活動を見直し、男性が家事、育児・介護等の家の中の仕事を分担するとともに、女性も広く経済活動に参画する、それができる社会を作っていくことが必要である。

第三章　正規雇用と非正規雇用の格差の解消を！

1　正規雇用と非正規雇用

雇用形態の分類においては、「正規雇用」「非正規雇用」という言葉が一般に用いられる。これらの用語は、法的概念ではなく、社会学的概念である。これらの用語の定義は定まっているわけではないが、一般的に、「正規雇用」とは、無期雇用・フルタイム勤務・直接雇用の三つの特徴を全て兼ね備えた雇用形態とされる。逆に「非正規雇用」は、有期雇用、パートタイム勤務、間接雇用という特徴のうち一つでもあてはまれば該当するとされる。

非正規雇用には、大きくは、①その地位が非常に不安定であり、簡単に雇用を失いやすい、②正規雇用の者に比べて差別的な扱いを受け、賃金が低廉であるなど、低い労働条件を強いられやすいという問題点がある。そして、その地位が非常に不安定であるが故に、個別交渉や労働組合の結成等を通じて使用者に対しものを言うことも困難となり、より一層差別的な待遇を強いられやすいという悪循環構造を有している。

2 統計数値に表れる非正規雇用の現状

非正規雇用者の総数は、一九九〇年代から増加傾向が続いている（資料2）。総務省「労働力調査」によれば、一九九〇年においては正規雇用が三四八八万人、非正規雇用が八八一万人で、非正規雇用率は約二〇％であった。それに対し、最新の総務省「労働力調査（詳細集計）平成二七年（二〇一五年）平均」（二〇一六年五月発表）によれば、正規雇用は三三一三万人、非正規雇用は一九八〇万人であり、非正規雇用率は三七・四となっており、一九九〇年に比べ非正規雇用者数は約二・二五倍となっている。二〇一五年平均の正規雇用・非正規雇用者数のうち、女性の占める数は、正規雇用が一〇四三万人、非正規雇用が一三四五万人である。すなわち、女性においては、非正規雇用率は約五六・三％となっている。

非正規雇用のうち、勤め先での呼称による分類による各就労形態の数は、「パート・アルバイト」は女性一〇五三万人、男性三一二万人、「労働者派遣事業所の派遣社員」は女性七六万人、男性五〇万人、「契約社員・嘱託」は女性一七六万人、男性二二九万人、「その他」は女性四一万人、男性四二万人となっている。

これらの統計データから言えることは、我が国全体で正規雇用が減少し非正規雇用が顕著に増えている中、特に女性の非正規雇用率が男性よりはるかに高いという点である。また、非正規雇用のうち、有期雇用の特徴を持つ「契約社員・嘱託」においては男性の方がむしろ多い一方で、パートタイム労働や派遣労働においては顕著に女性の方が多いという点である。

資料2

【正規雇用と非正規雇用労働者の推移】１９８４年〜２０１４年

○ 非正規雇用労働者は、平成6年から平成16年までの間に増加し、以降現在まで緩やかに増加しています（役員を除く雇用者全体の37.4%・平成26年平均）。

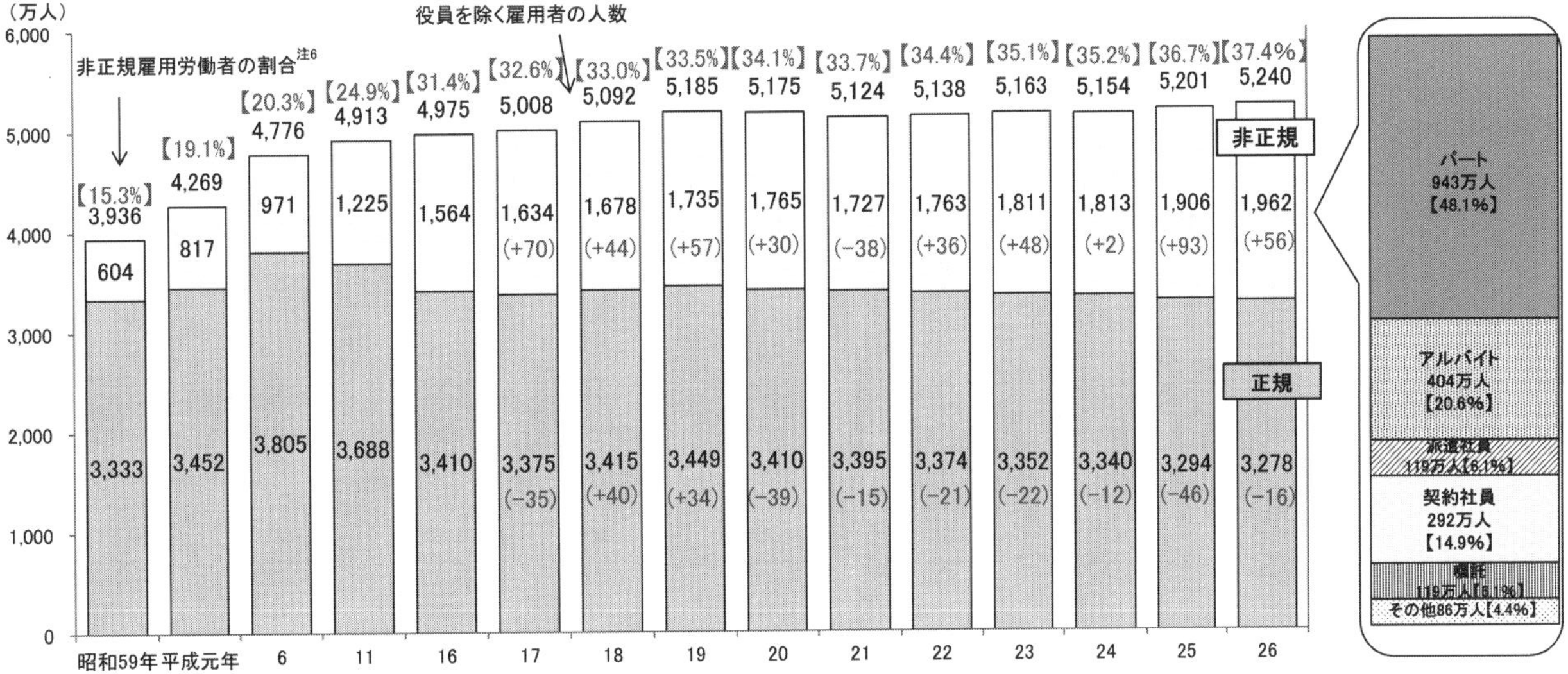

（資料出所）平成11年までは総務省「労働力調査（特別調査）」（2月調査）長期時系列表9、平成16年以降は総務省「労働力調査（詳細集計）」（年平均）長期時系列表10

（注）1）平成17年から平成23年までの数値は、平成22年国勢調査の確定人口に基づく推計人口（新基準）に切替え集計した値。
2）平成23年の数値、割合及び前年差は、被災3県の補完推計値を用いて計算した値。
3）雇用形態の区分は、勤め先での「呼称」によるもの。
4）正規雇用労働者：勤め先での呼称が「正規の職員・従業員」である者。
5）非正規雇用労働者：勤め先での呼称が「パート」「アルバイト」「労働者派遣事業所の派遣社員」「契約社員」「嘱託」「その他」である者。
6）割合は、正規雇用労働者と非正規雇用労働者の合計に占める割合。

（厚労省ホームページより）

3　法的観点からみた非正規雇用の地位の低さと不安定性

●有期雇用労働者

非正規雇用の過半数は有期雇用である。有期雇用契約は期間の満了により原則的に終了するが、判例は契約の実質に着目し、雇止めに解雇権濫用法理を類推適用する雇止め法理を確立した。すなわち、当該雇用の臨時性・常用性、更新の回数、雇用の通算期間、契約期間管理の状況、雇用継続の期待をもたせる使用者の言動の有無等を総合考慮して、契約更新に対する合理的期待が有期雇用労働者にあるといえる場合には、当該雇止めに解雇権濫用法理が類推適用されるとし、雇止めに客観的合理性・社会的相当性が認められない場合には、従前と同一の労働条件・契約期間にて労働契約は更新されるとした。この雇止め法理は、二〇一二年八月一〇日の労働契約法改正において、「実質無期型」及び「期待保護型」の類型に分けて明文化された。

また、上記二〇一二年の労働契約法改正においては、五年を超えて契約更新を受けた有期雇用労働者に対し、形成権としての無期雇用転換権を付与する規定が新設された（同法一八条一項）。

これらの規定は、長期間の雇用によって労働者を使用する意図があるにもかかわらず、無期雇用労働者であれば直接適用される解雇権濫用法理（同法一六条）を潜脱するために、細切れの有期雇用契約を締結し、労働者が必要な限りは更新を繰り返し、いらなくなれば期間満了を理由に契約を打ち切るという手段によって不安定雇用を強いられやすい有期雇用労働者の地位の安定を図ることが趣旨である。

しかし、雇止め法理において、判例は、有期雇用契約の雇い止めは、期間の定めのない労働者の解雇とは合理的な差異があり、希望退職者の募集に先立ち臨時員の雇止めが行われてもやむを得ないとして雇止めを有効としている。依然有期雇用労働者の地位は無期雇用労働者よりも不安定である。また、雇止め法理を潜脱するために、更新回数・年数の上限を契約にあらかじめ定めたり、不更新条項を設定したりする事例も多く見られる。これらの条項がある事例について裁判例においても判断が割れているが、さらに、有期雇用労働者の場合、契約更新に対する合理的期待があることの主張立証責任を負うため、無期雇用労働者に比べ地位の安定を得ようとするにあたり高いハードルが存在する。

●パートタイム労働者

パートタイム労働者は、同時に有期雇用労働者であることが多く、その場合は上記で述べた有期雇用労働者の地位の不安定さと同じ問題が生じる。また、パートタイム労働者は、女性・とりわけ既婚女性が多く、非正規雇用の典型と考えられており、期間の定めがないのにパートタイム労働者であることを理由に容易に解雇される「パートタイマー差別」が現実には存在する。

●派遣労働者

派遣労働者は、契約上の使用者（派遣元）と実際に指揮命令を受ける就労先（派遣先）が異なる。それにより、派遣労働者と派遣元との間の派遣労働契約の存続とは無関係に、派遣先と派遣元との間で締結されている労働者派遣契約が打ち切られることによって、当該派遣労働者は実際の就労先である派遣先での就労を継続できなくなるため、非正規雇用の中でも特に地位の不安定を強いられる。二〇一五年年通常国会で成立した改正労働者派遣法では、派遣元で無期雇用とされる派遣労働者については派遣可能期間の制限が撤廃されることになったが、事業主間の労働者派遣契約が打ち切られた場合に就労先がなくなってしまうという根本的な問題は解決されていない。

また、派遣元との間の派遣労働契約が有期である場合においては、その期間満了と同時に事業主間の労働者派遣契約が打ち切られた場合には、派遣先での就労が認められなくなることはもちろん、派遣元に対する雇止め法理（労働契約法第一九条）による雇用継続を認めた裁判例はほとんど存在せず、その地位はやはり極めて不安定である。

このように、派遣労働者は、契約関係の存在する派遣元に対してすら、雇用の安定を望めない地位にある。まして、契約関係の存在しない派遣先に対し雇用の安定を求めることは絶望的状況にある。派遣労働者の実際の要求は、直接の使用関係を形成している派遣先での就労継続にあることが多いが、違法派遣事案等で派遣労働者が派遣先に対し雇用責任を果たすことを求め地位確認を求めた訴訟においては、圧倒的多数の裁判例が実態に即した検討を行うことなく、地位確認を否定する判断を行っている。

わが国においては、非正規雇用労働者に対する法的保護は非常に弱く、有期雇用、パートタイム労働、派遣労働にて就労する非正規雇用労働者の地位の不安定、差別的処遇の状況は深刻である。

このように、わが国では正規雇用と非正規雇用を質的にまったく別異なものとして扱われ、非正規雇用労働者は正規雇用労働者の補完として一段階地位（身分）の低い層の労働者として扱われてきた。同じ労働者であるにもかかわらず、こうした階層的な扱いを改めることが必要である。

第四章 同一（価値）労働同一賃金の実現を！

労働政策研究・研修機構の調査によれば、フルタイムで働く労働者に対するパートタイム労働者の時間あたりの賃金水準は、日本で五六・八％、フランスは八九・一％、ドイツは七九・三％であり、わが国の格差は著しい。かかる格差の解消のために、同一価値労働同一賃金の原則を立法化することが必要である。

二〇一五年九月、国会で「労働者の職務に応じた待遇の確保に等のための施策の推進に関する法律」（いわゆる「同一労働同一賃金法」）が成立した。同法は「労働者が、その雇用形態にかかわらずその従事する職務に応じた待遇を受けることができるようにすること」を基本理念として掲げる（二条一号）。国がそのための施策の策定、実施について責任があることを明示し（三条一項）、政府に法制上、財政上、税法上の措置を講ずることを求めている。そして、同法は国に対し、雇用形態の実態などの調査（五条）、派遣労働者を含め通常の労働者と雇用形態の異なる労働者の均等待遇の実現のための立法を含む措置（六条）、通常の労働者への転換促進を含めた雇用環境整備のための必要な措置（七条）、教育の推進（八条）を求めている。

同法は、法文上は「同一労働同一賃金」という用語が使用されていない。しかし、上記の基本理念「労働者が、その雇用形態にかかわらずその従事する職務に応じた待遇を受けることができるようにすること」は、同一（価値）労働同一賃金原則の理念そのものである。もっとも、政府や厚労省などは「同一労働」との用語を用い「同一価値労働」の用語を使用しない。国際的には「同一労働」を進化させた「同一価値労働」が一般的である。

同法には具体的に法律効果を発生させる規定はまったく存在せず、内容的にきわめて不十分な法律である。とはいえ、雇用形態による格差の存在を認め、その解消のために同一価値労働同一賃金原則の理念を法文化したことは、今後わが国で同一価値労働同一賃金原則を確立していくにあたって、貴重な足がかりとなるものであり、今回の法制化は評価できる。

安倍首相は、二〇一六年二月の一億総活躍国民会議において、「同一労働同一賃金」について、「躊躇なく法改正の準備を進める」と強調し、五月の「ニッポン一億総活躍プラン」にも盛り込んだ。いよいよ「同一価値労働同一賃金」を具体的にどう実現していくかが労働運動にとって重要な課題となってきた。もっとも、政府は法制化に先立ち、どのような場合に賃金差が許容されるかを示す指針を同年内に作成するとしている。経団連会長や日本商工会議所会頭は、「日本の雇用慣行に配慮したうえでの」同一労働同一賃金に賛成だとしている。「価値が違うから賃金が同一でないのは当然である」と主張してきた経団連など財界がめざす「同一労働同一賃金」は、国際的に確立している「同一価値労働同一賃金」原則とかけ離れている可能性が高い。今後の指針策定や立法化にあたってしっかりと監視していくことが必要である。以下に注意点を列挙しておく。

1「同一（価値）労働同一賃金」の議論にあたって

「同一（価値）労働同一賃金」を論じるにあたって、いくつか注意して頂きたいことがある。以下に指摘する。

①「同一労働同一賃金」と「同一価値労働同一賃金」は、国際的には同じ意味で使用されている。もともと

は同じ仕事に従事しているのであれば同じ賃金を支払うという「同一労働同一賃金」として出発したのだが、「同じ仕事」とは物理的に同じというだけではなく「同じ価値の仕事」にも適用するように拡がってきたのである。もっとも、わが国の財界の一部では、「現場で同じ仕事をしていても従事している仕事の価値が違うのだから賃金に差があるのは当然である」として、「同一価値労働同一賃金」を「同一労働同一賃金」と異なるものとして主張する方々がいることに注意する必要がある。

②　「同一（価値）労働同一賃金」は女性に対する差別を是正するために確立されてきた原則だが、現在では雇用形態の違いによる差別を是正する原則としてひろく国際的に規範化されている。パート・有期・派遣等の非正規雇用労働者の正規雇用労働者との格差の是正のためにも有効な原則となっている。

③　「同一（価値）労働同一賃金」の法的規制の適用範囲は、主として「同一使用者」の下での労働者間の差別に対して適用される。使用者（企業）を超えた労働者間の賃金格差については裁判などによって規制することは困難である。もっとも、欧米では企業を超えて、同一職種の仕事に対しては同一の賃金を支払うことを協定化することが広く行われている。これは、産業別労働組合と産業別使用者団体との協定にもとづくものであり、労働組合運動の成果である。企業の枠を超えた「同一（価値）労働同一賃金」の確立は重要な課題だと考えているが、このことは法律などによる規制の枠組みとは別次元の課題である。したがって、パナソニックで働く労働者の賃金と東芝で働く労働者の賃金を比較して処遇改善を求めることは、労働運動の課題ではあるが、いま問題となっている法的規制としての「同一（価値）労働同一賃金」の課題とは別次元のものである。

④　「同一（価値）労働同一賃金」は職務に対する評価基準である。労働者が従事している職務（仕事）を比較するのであって、労働者を比較しているものではない。同じ仕事をしている労働者の間において、仕事の達成度が異なることはあり得る。能力の違いがあり得る。そうした要素が賃金に反映することはあり得るのであ

る。しかし、それは「同一（価値）労働同一賃金」の問題ではない。「同一（価値）労働同一賃金」はあくまで職務を比較するものだということをご理解頂きたい。よく、「同一（価値）労働同一賃金」は、仕事をさぼっている人とまじめに仕事をしている人が同じ賃金になって不公平であるという意見を聞く。同じ賃金にするのであればその通りである。ただし、仕事をさぼっている人は「人事査定」の評価が低いのであって、さぼっていることは「職務」の評価ではない。欧米では、「同一（価値）労働同一賃金」によっても「人事査定」評価の違いによる賃金の差が生じることは認められている。欧米では、「同一価値労働」に対応する「同一賃金」は「範囲レート職務給」といって一定の幅を持っているのが一般的である。その幅の中で「人事査定」による差が生じているのである。仕事をさぼっている人の賃金は真面目に仕事をしている人より低くなるのは当然である。

2 同一価値労働同一賃金原則の法制化

憲法一四条は性別による差別を禁止し、労基法四条は男女同一賃金の原則を定めている。また、国は、一九六七年に同一価値労働についての男女労働者に対する同一報酬を定めたＩＬＯ一〇〇号条約を批准しており、同じく国が批准している女性差別撤廃条約一一条一項（ｄ）及び社会権規約七条（ａ）（ｉ）号は締約国の義務として同一価値労働同一賃金の原則を掲げている。それにもかかわらず、男女間の賃金格差はいまだ大きく、労基法第四条が規定する男女同一賃金の原則には同一価値労働同一賃金の原則が明記されていないため、同法の解釈上も不明確となり、我が国では同一価値労働同一賃金の原則はいまだ確立されているとはいえない。

ＥＵでは、全ての加盟国において、パートタイム労働指令、有期労働指令、派遣労働指令等が適用され、非正規労働者にも同一価値労働同一賃金原則に基づく賃金制度が整備されている。わが国においては、正規雇用労働者と非正規雇用労働者との賃金をはじめとする処遇の格差が著しいのであり、その是正をはかる実効的制度の実現が急務である。

一九五一年に制定されたＩＬＯ一〇〇号条約（「同一価値の労働についての男女労働者に対する同一賃金に関する条約」二条一項は「各加盟国は、賃金率を決定するため行われている方法に適した手段によって、同一価値の労働についての男女労働者に対する同一賃金の原則のすべての労働者への適用を促進し、及び前記の方法と両立する限り確保しなければならない」と規定し、同一価値労働同一賃金原則を規定している。同条二項は、国内法令、法令に基づく賃金決定制度、労使協定、あるいはこれらの手段の組み合わせのいずれかによってこの原則を適用することを規定し、さらに三条一項は、職務を客観的に評価する措置が、条約の実施に役立つ場合には、その措置をとるべきことを規定している。一〇〇号条約はＩＬＯの基本七条約のひとつであり、批准国も現在一七一か国に及んでいる。

わが国も一九六七年に本条約を批准したのであるが、男性と女性、正規と非正規の賃金格差が先進諸国の中でも極めて大きく更に拡大傾向にある。そのため、ＩＬＯの条約勧告適用専門委員会がたびたび日本政府に説明を求め続けており、二〇〇七年六月には総会委員会が日本政府に対して、国内法の整備を含む本条約の積極的促進のための政策を要請している。同一価値労働同一賃金原則は、日本が一九七九年に批准した国連人権委員会社会権規約第七条にも「公正な賃金及びいかなる差別もない同一価値労働についての同一賃金」として定められている。

派遣やパートなど正社員と雇用形態の異なる労働に従事する者が急増し、こうした雇用形態の労働者の賃金が正規雇用労働者の賃金と比較して著しく低い状況を是正していくためには、早急に同一価値労働同一賃金原則実現のための国内法の整備が必要である。

わが国においては、労基法三条に国籍、信条または社会的身分を理由とする賃金その他の差別的取り扱いを禁止する規定が置かれ、同法四条に女性であることを理由とする賃金差別の禁止が規定されている。政府は、ＩＬＯ一〇〇号条約批准に当たって、同条約の国内法規定として労基法四条が存在すると説明していた。しかし、これまでわが国の裁判所においては、これらの規定は同一価値労働同一賃金の原則を規定したものとは解釈されていない。

わが国では、近年に労働契約法の改正やパート労働法の改正などによって正規雇用労働者と非正規雇用労働者の格差を是正する方向での一定の規定が新たに盛り込まれたのであるが、同一価値労働同一賃金の原則の実施に向けた法整備はいまだなされていない状態である。

労働契約法において、同一価値労働同一賃金の原則の規定を創設すべきである。条文の文言としては、例えば「使用者は同一価値労働の職務に従事する労働者に対しては同一の賃金を支払わなければならない。ただし、異なる賃金を支払うことに合理的な理由が存する場合はこの限りではない。異なる賃金を支払うことの合理性については使用者が立証しなければならない」とすることが考えられる。

3 職務分析・職務評価の制度確立が必要

同一価値労働同一賃金の原則を実施していくためには、何が同一価値労働であるかを客観的に評価する基準の確立が不可欠である。すなわち、「職務」の価値評価基準の確立が必要なのである。

職務評価は同一価値労働同一賃金の原則を実施するためのツールであり、国際的には要素別得点法に基づき、

①知識・技能、②負担、③責任、④労働環境の四大ファクターを用いて客観的に評価する手法が確立されている。仕事は、どのような職種、職務であっても、四大ファクターを活用しなければ遂行できない。とりわけ、女性職の大半が対人サービス業であることから、負担（精神的、肉体的、感情的）のファクターが重要である（資料３）。

職務評価とは、職務内容を比較し、その大きさを相対的に測定する手法であり、人事管理上よく用いられている人事評価とは異なる。職務評価方法にはいくつかの分類があるが、要素別点数法が優れている。職務の大きさを構成要素ごとに評価する方法である。評価結果を、ポイントの違いで表すのが特徴であり、要素別にレベルに応じたポイントを付け、その総計ポイントで職務の大きさを評価する。先に述べたとおり、国際的には、①知識・技能、②負担、③責任、④労働環境の四大ファクターを用いて客観的に評価する手法が確立されている。ところが、厚労省は、要素別得点法のひとつである学習院大学が開発した「GEM Pay Survey System」をモデルとして説明をしている（厚労省「要素別点数法による職務評価の実施ガイドライン」二〇一五年四月）。「GEM Pay Survey System」では、八つの評価項目（「人材代替性」、「革新性」、「専門性」、「裁量性」、「対人関係の複雑さ（部門外／社外）」、「対人関係の複雑さ（部門内）」、「問題解決の困難度」、「経営への影響度」）を挙げている。ＩＬＯなどの国際的基準とは大きく異なる評価手法であり、かかる独自の評価項目の設定は大いに疑問である。国際基準を採用すべきである。

評価項目を決定した後、それぞれの評価項目ごとのウェイトを決定する。重要な「評価項目」であれば、ウェイトは大きく設定される。ウェイトを大きく設定することで、職務評価ポイントが大きく変化することになる。職務評価に当たっては、これらの職務評価項目の設定及びウェイトについての客観性・公平性をどう担保するかが課題である。

資料３　**国際労働機関(ILO)による職務(役割)評価項目**

基本的な職務評価項目	二次的な職務評価項目	説明
知識・技能	職務知識	職務を遂行する上で必要な知識、専門的な知識・資格
	コミュニケーションの技能	職務を遂行する上で必要な、顧客や利用者、職場の上司や同僚等と良好な関係を作るための、口頭または文書によるコミュニケーションの技能
	身体的技能	職務を遂行する上で必要な、手先の器用さ、手わざの良さ・正確さ、機械や器具等を操作する技能
負担	感情的負担	職務を遂行する上で、顧客等の感情に配慮し、自分の感情を調整したり、相手の感情の起伏を冷静に受け止め、自分の感情を抑制したりする際に生じる負担
	心的負担	職務を遂行する上で要求される、集中力や注意力、同時進行で復数の仕事を行う、仕事の期限が厳しいなど、精神にかかる負担
	身体的負担	重量物の運搬、無理な姿勢の維持など、職務を遂行する上で要求される身体にかかる負担
責任	人に対する責任	同僚や部下の育成や管理、人事評価、勤務シフトの作成や調整等に関する責任
	物に対する責任	顧客情報の管理や秘密保持、土地や建物・備品等の維持・管理、顧客に提供する商品やサービスの創造・品質の維持・管理に関する責任
	財務責任	利益目標の実現に対する影響、職務上取り扱う金銭や金権等の取り扱い範囲・頻度・金額、予算計画の作成や予算の執行など、金銭に関する責任
労働条件	労働環境	埃、騒音、有害な化学物質、不快な温度や湿度など、勤務する状況の不快さや危険などの物理的は環境
	心理的環境	不規則な労働時間、深夜時間帯の勤務などが求められたり、仕事の重圧やプレッシャーがかかる状況で勤務する必要があったりするなどの心理的な環境

ILO 駐日事務所ホームページを参考に作成（厚労省作成パンフより）

二〇〇八年に国際労働機関（ＩＬＯ）が発行したガイドブック「公平の促進：平等な賃金実現のためのジェンダー中立的な職務評価（Promoting equity: Gender-neutral job evaluation for equal pay: A step-by-step guide）」では、①知識・技能（職務知識・コミュニケーションの技能・身体的技能）、②負担（感情的負担・心的負担・身体的負担）、③責任（人に対する責任・物に対する責任・財務責任）、④労働条件（労働環境・心理的環境）を職務評価項目として掲げている。わが国において、さらなる研究と検証作業の積み重ねによって、早期に客観的で公平な職務評価制度が確立されることが必要である。

なお、わが国では格差是正のアプローチとして、「均衡」処遇という考え方が唱えられ、労働法制にもたびたび登場するが、「均衡」処遇は「同一価値労働同一賃金の原則」からは導き得ないものである。もっとも、「均衡」を「比例的」と解し、価値的評価にもとづく比例的処遇を意味していると解する場合には、「均等」と「均衡」は同じことになる。ただし、このように解する研究者はけっして多いとは言えない。

4「人材活用の仕組み」について

また、同一価値労働の評価基準要素として、転勤の可能性や残業の可能性などの「人材活用の仕組み」を加えるべきであるとの見解がある。しかし、「人材活用の仕組み」は労働者が現在従事している職務とは別の要素である。同一価値労働同一賃金原則における評価の対象である職務は労働者が現に従事している職務のはずであり、将来従事する可能性のある職務ではない。評価基準要素に加えることは賛成しかねる。また、仮に将来の職務の可能性すなわち人材活用の仕組みを評価要素に加えるとしても（「負担」の要素か?）、そのことによる全体の要素に占める割合が過大であることは許されない。現在従事している職務が同一であれば同一の処遇とすべきことが大原則である。

ところで、厚労省は、先に示した「要素別点数法による職務評価の実施ガイドライン」の中で、パート労働者に対する処遇について、上記の独自の職務評価をして点数化した上で、さらに人材活用の仕組みが違うことによる「活用係数」なるものを乗じることを推奨している。これでは、パート労働者には「人材活用の仕組み」の違いだけで大きな処遇格差を認めることになる。現在従事している職務ではなく、将来の転勤や残業の可能性だけでこのような大きな格差を認める制度設計は許されない。まだ、職務評価の「負担」の中の一要素として「人材活用」の仕組みを扱う方がましである。

5 職務評価の専門委員会を

同一価値労働同一賃金原則の実施には、法整備はもちろんであるが、労働審判申立て等を活用して速やかに是正するための独立専門機関が必要である。また職務評価を職場で具体的に実践するためには、企業側のコンサルタントではなく、都道府県労働局が職務評価のスキルを会得するために人材育成を行い、スキルを持つ人が職務評価専門委員会を設置することが有効である。

この専門委員会は労働組合や企業の労務担当者及び労働者自身が活用できる機関として機能しなければならない。企業の利益を優先する職業能力評価制度ではなく、国際基準に則った公正で客観的で性に中立的な職務評価制度の確立こそが、男女賃金格差や雇用形態による賃金格差を是正する道である。最後に、同一価値労働同一賃金の原則の確立は、何よりも、労働組合の正しい認識と積極的な取組がなければ実現できないことを付言しておく。

第五章 最低賃金引き上げ・公契約条例を！

１ 最低賃金引上げの重要性

わが国における最低賃金額は、二〇一五年全国加重平均七九八円であり、依然として先進諸外国と比較しても低い水準である。フランスは九・六七ユーロ（約一二七六円）、イギリスは六・七ポンド（二一歳以上。約一二〇六円）さらに二〇二〇年までに九ポンド（約一六六五円）、ドイツは八・五ユーロ（約一一二二円）である。

わが国では二〇一五年の改定において、二〇〇八年の改正最低賃金法施行後、初めてすべての都道府県において、最低賃金で働いた場合の手取り収入額と生活保護費（生活扶助＋期末一時金＋住宅扶助実績）とのいわゆる逆転現象が解消された。しかし、逆転現象の解消は、生活保護基準引下げの影響があることを見逃してはならない。生活保護基準はナショナル・ミニマム（国家的最低保障）が現実化したものであるところ、憲法二五条二項が国に社会福祉、社会保障及び公衆衛生の向上増進義務を課していることからすれば、その引下げが、最低賃金の引き上げに負の影響を及ぼすことがあってはならないというべきである。

また、最低賃金の地域間格差が依然として大きいことも問題である。二〇一五年の最低賃金時間額の分布は六九三円（鳥取県、高知県、宮崎県、沖縄県）から九〇七円（東京都）と実に二一四円もの格差が生じており、しかも格差は毎年拡大している。地域経済の活性化のためにも、地域間格差の縮小は喫緊の課題である。

最低賃金の引上げは、同制度の主な適用対象者である非正規労働者の賃金面における待遇改善及び生活と健康の確保の点からも重要である。最低賃金の引き上げにおいては、本来、一日八時間、週四〇時間の労働で、経済的な心配なく暮らしていけるだけの賃金を確保できるようにすることを目指すべきである。ところが、全国加重平均の時給七九八円で一日八時間、週四〇時間、年間五二週働いた場合、月収は約一三万八〇〇〇円、年収約一六六万円に過ぎず、この水準では労働者個人の生活は到底成立しない。

政府は、二〇一〇年六月一八日に閣議決定された「新成長戦略」において、二〇二〇年までに「全国最低八〇〇円、全国平均一〇〇〇円」にするという目標を明記し、二〇一五年六月三〇日に閣議決定された「『日本再興戦略』改訂二〇一五」等においても、中小企業・小規模事業主への支援を図りつつ最低賃金引上げに努めるべきことを明記している。この目標を今後五年間で達成するためには、一年当たり四〇円以上の引上げが必要である。最低賃金の大幅引上げを実現することが必要である。その際、同時に中小企業に対し、税負担や年金負担の軽減等をはじめとする手当をしっかりと確保することが必要であるのは当然である。

2 アメリカに学ぶ

アメリカ合衆国では連邦最低賃金（七ドル二五セント）とは別に州法のレベルで州に適用されるべき最低賃金を定めることができる。現在、全米で二九州とワシントンＤＣが連邦最低賃金を上回る州最低賃金を定めている。この三〇州のうちほとんどは、ここ二年くらいで引き上げたところが多い。現状ではマサチューセッツ州が最低賃金を時給一一ドルと定めており、一番高い。ニューヨーク州は、二〇一五年一二月三一日に九ドルに引き上げられたが、二〇一六年四月に新たな引き上げが決定され、ニューヨーク市内は二〇一八年末に、周辺地域は二〇二一年末に、一五ドルに引き上げられる。カリフォルニア州では、二〇一三年九月に八ドル、二〇一五年一月に九ドル、二〇一六年一月に一〇ドルと引き上げられてきたが、二〇一六年四月にさらなる引き上げが決定され、段階的に二〇二三年までに州規定の最低賃金を時給一五ドルに引き上げられる。また、一〇州で、インフレ率に伴って最低賃金を引き上げるという規定を持っている。さらに、カリフォルニア、ニューメキシコ、ワシントン等の州では、市に独自の最低賃金を決める権限が与えられている。二〇一〇年の段階で、市レベルの最低賃金を定めていたのは三市であった。しかし、ここ二年間、一八の市が新たに市の最低賃金を設定し、あるいは引き上げた。現在、合計一八市が市独自の最低賃金を定めている。これらは、連邦最低賃金よりもかなり高い基準の最低賃金額を設定している。シアトル市では二〇一五年四月に最低賃金条例が発効し、企業規模に応じて四つのグループごとに引き上げが段階的に行われ、最も早いグループは二〇一七年一月一日までに時給一五ドルになる。サンフランシスコ市は二〇一三年に一〇・五五ドルに規定され、毎年段階的に引き上げられ、二〇一八年七月一日に時給一五ドルになる。

こうした全米各地での最低賃金引き上げ運動は、従来から取り組まれていた「生活する賃金」を求めるリビングウェイジ条例制定運動にニューヨークのウォール街を占拠し全米に拡大した「九九％の労働者」の「一％の資本家」に対するオキュパイ運動、さらには全米で展開されているファーストフード産業賃金引き上げ運動等が結合し発展したものである。全米各地で「最低賃金を一五ドルに」とのスローガンの下に連携して運動が進められている（資料４）。

資料4

●なぜ大きな運動が実現したのか

二〇一五年二月ニューヨーク市立大学のステファニー・ルース教授は次のように説明してくれた。

「世界経済危機を経てしばらくした二〇一〇年、リビングウェイジ運動は、一旦収まってきて、停滞状況を迎えた。ニューヨーク市議会でも、民主党が多数を占めているにも拘わらず、時給一〇ドルを定めたリビングウェイジ条例案が通らない状況が二〇一〇年頃は続いた。そういう停滞状況があったにもかかわらず、ウォール街占拠運動があった直後に、ニューヨーク市議会は、時給一〇ドルを定めるリビングウェイジ条例を通過させた。

その一年後、SEIUというサービス業の労働組合が中心となって、「公正な経済実現のための運動」という連携団体を創って、「ファストフード労働者の賃金引き上げが必要だ」という運動を始めた。「リビングウェイジ条例の適用範囲の限定性を突破しなくてはならない」という考え方が、この新しい運動にはあった。

ファストフード産業には、多くの低賃金労働者が働いているが、それらの大半は労働組合に入っていない。ニューヨークでは、時給一五ドルと組合結成権の両方の要求を掲げて、一日ストライキに取り組んだ。これが他の都市に広がっていった。ＳＥＩＵを中心とした労働組合、地域の団体、ＮＰＯ、「公正な経済実現のための運動」のような連携組織が、いろんな都市でできあがっていった。シアトル市では、最低賃金を時給一五ドルとする条例の制定が実現した。大きな都市で実現し、運動の勢いがかなり増した。結局、新たに一八の市で条例制定や引き上げとなった。州の中でも新たな制定や引き上げの動きが広がった。この中には、住民投票で決められたものもある。

これらの流れでかなりの数の労働者が、賃金引き上げの恩恵を受けている。労働組合は、運動を拡大して、組合員を増加させる戦略を明確に持っている。労働条件を向上させ、使用者に守らせるのは労働組合であり、労働者の組織化こそが運動の一番の目的である。労働組合がないと、協約を作れず、どんなに賃金が条例で引き上げられてもそれに強制力を持たせることができない。しかし、今回の運動が労働組合の組織化にどの程度貢献したかは、まだ不明である。

リビングウェイジの運動と、ファストフード労働者などの最低賃金引き上げの運動とは、対象や適用範囲は異なるが、両者が背景や文脈に応じて使い分けられているだけであり、低賃金を打開するという目的は共通し、運動体も連携している。

●最低賃金引上げの経済への影響

日本では、最低賃金の大幅引き上げは企業の経営を圧迫し経済が悪化するとの反対論が繰り返し主張されているが、アメリカでは、最低賃の引上げが地域経済に好影響をもたらしていることの検証論文が多数発表されている。中小零細企業に対する支援対策をしっかりと取りながら最低賃金の大幅引上げを図ることが、拡がる貧困と格差の是正のための重要な政策と位置づけられている。

カリフォルニア大学バークレー校の労働調査教育センターの試算によれば、最低賃金が一〇ドルから一五ドルに上昇することで、カリフォルニア州内労働者五六〇万人の年収は平均で二四％増加するとされている。また、同校のマイケル・ライク教授は同州中部のサンタクララ郡（人口一九二万人）で最低賃金を二〇一九年までに一五ドルに引き上げた場合、労働者二五万人の平均年収は一九・四％増加するとの試算を発表している。その場合、同郡内の使用者が支払う賃金総額の増加は一・二％に過ぎず、商品の平均価格の上昇はわずか〇・二％、雇用減は一四五〇人に留まるとしている。

また、同センターではサンフランシスコとロサンゼルスの最低賃金引き上げの影響についても調査している。サンフランシスコの労働者の二三％、約一四万二〇〇〇人の賃金が上がり、総賃金増加額は、二〇一八年までに三億九七〇〇万ドルである。影響を受ける労働者の平均増加額は、一ドル六九セントであり、年収では二八〇〇ドルの増収となる。影響を受ける労働者の九七％が二〇歳以上であり、六三％が三〇歳以上である。影響を受ける平均的労働者は、家計の五九・五％の収入を得ている。五四％は有色人種であり、五九％がカレッジ卒以上、二六％は学士以上であり、高学歴の労働者がかなり含まれる。業種では小売業界、レストラン業界、教育・保険・社会サービスが多く、小売業ではコスト増は二〇一八年で〇・二％、レストランでは〇・三％と予想される。レストランの価格は二〇一八年までに二・七％引き上げられると予測している。

同様にロサンゼルスの場合、二〇一七年に一三ドル二五セントに引き上げる提案が市長によってなされている。ロサンゼルスの労働者の三七％、約五六万七〇〇〇人の賃金が上がり、総賃金増加額は、一八億ドルである。影響を受ける労働者の平均増加額は、一ドル八九セントであり、年収では三二〇〇ドルの増収となる。影響を受ける労働者の九七％が二〇歳以上であり、影響を受ける平均的労働者は、家計の五一％の収入を得ている。八三％は有色人種であり、四六％がカレッジ卒以上、一四％は学士以上であり高学歴の労働者がかなり含まれる。業種では小売業界、レストラン業界、保健サービスが多く、小売業ではコスト増は二〇一八年で〇・六％、レストランでは四・七％と予想される。レストランの価格は二〇一七年までに四・一％引き上げられると予測している。

アメリカではこうした統計的な科学的研究がしっかり行われている。これらの研究成果を踏まえて、政府労働省も「最低賃金バスターズ」というホームページを開設して、最低賃金の上昇は地域経済にプラスであることを宣伝している。

3　労働時間短縮と最低賃金との関係

労働時間は短いに越したことはない。残業などしなくてすむのであればしたくはない。多くの労働者の共通認識である。しかし、わが国、とりわけ若者の雇用分野においてそれが崩れている。ハローワークやリクルート雑誌の募集案内には、残業することを当然のこととして、残業代込みの賃金額を表示して社員募集がなされている事例が多い。いわゆる固定残業代というもので、私が最近担当した大手印刷会社では、最賃すれすれの基本給の他に固定残業代として月九〇時間分の残業代が最初から組み込まれた賃金額を、あたかも基本給であるかのように説明して募集がなされていた。二四時間稼働の機械を二交代制で作業するのであり、はじめから一日一二時間の勤務すなわち一日四時間の残業がシフトとして組まれているのである。組み込まれた残業をこなしてやっと生活できる賃金が獲得できるのである。

一日八時間、週四〇時間の労働では生活を維持できない。はじめから残業することが前提でかろうじて生活が成り立つという状態である。憲法が保障する「健康で文化的な最低限度の生活」(憲法二五条)は、一日八時間、週四〇時間の労働を前提として考えられなければならない。労働時間の短縮の実現は、最低賃金の引き上げとセットで運動しなければならないことを痛感する。

4 公契約条例による最低賃金規定の意義

ＩＬＯ九四号「公契約における労働条項に関する条約」が公契約規制に関する条約である。一九四九年に成立し五九か国が批准しているが、日本は未批准である。

同条約は、契約の一方当事者が公の機関である場合や公の機関による資金支出がなされている場合において、契約の他方当事者により労働者が使用されるものであって、土木建設、各種装置など製造、サービス提供等を契約目的とするものである場合には、地方レベルでの労働協約や法令などで定められている賃金・労働時間等の労働条件を労働者に確保することを各国に義務づけている。

国や地方自治体が労働者の賃金引き上げに向けて率先して行動すべきことを規定しているのである。現在、国や地方自治体が行う事業のかなりの部分が民間に委託されており、その発注は競争入札によって行われるのが原則である。しかし、受注者が自ら事業を遂行するのではなく下請、孫請といった重層下請構造で受注事業を遂行する場合が多い。その際、下請、孫請の業者、労働者は、元請の圧力によって、極めて劣悪な労働条件で働かざるを得ないことが多い。発注に当たって基準に基づき算定され税金から支出される労務費が、現場で働く労働者に払われていない実態が存在する。こうした実態を改善し、公契約に携わる労働者の賃金を底上げすることによって、地域の賃金を底上げし、地域経済の活性化を図ろうとするのが公契約条例である。

最低賃金法に基づく地域別最低賃金が極めて低いわが国においては、国や自治体が労働者の賃金を底上げするために公契約規制をかけて公契約に従事する労働者の最低賃金を相当額に引き上げることが、拡がる貧困と格差を解消するための極めて有効な施策である。

二〇〇九年九月の千葉県野田市の条例成立を受けて、その後、川崎市、多摩市、相模原市、国分寺市、東京都渋谷区、厚木市、東京都足立区、直方市、東京都千代田区、三木市、我孫子市、草加市、加西市、加東市、高知市など全国に条例制定が拡がりつつある。さらに一層、全国各地で条例が制定されることを望むとともに、国においても公契約法の制定がなされることを期待する。

第六章

有期労働契約の入り口規制を！

●有期労働契約が増大した背景

有期労働契約の増大は、恒常的業務における労働力を安価な非正規雇用へ転換するという企業のニーズに基づくものであることは明らかである。契約締結に当たって優越的地位にある使用者が、有期労働契約の自動終了という機能の獲得を目的として有期労働契約を労働者に押しつけているというのが現実である。使用者は、とりあえず有期労働契約を締結し、必要なだけ更新を繰り返して不要になれば更新せず、期間満了で辞めてもらおうとするのである。労働者は期限の定めのない労働契約の確保が困難なことからやむを得ず、有期労働契約を選択せざるを得ないという実情にある。従来、有期労働契約については「臨時的雇用」であり「景気の調整弁」としての役割が強調されてきた。しかし、現在では、景気の動向に関わりなく、多くの企業が、従来は期限の定めのない正規雇用労働者に従事させてきた職務を有期雇用労働者によって賄うように変化している。このような有期労働契約の実態に即した法解釈や立法政策が展開されなければならない。

●有期労働契約の規制について

有期労働契約の規制の方法としては、入口である締結行為を規制する方法（入口規制）と出口である終了（雇止め）を規制する方法（出口規制）があり、諸外国においては様々な規制がなされている。フランスでは有期労働契約を締結できる場合を法律で限定列挙している。ドイツでも二年を超える有期労働契約については法律に列挙する客観的な正当理由が必要とされている。イギリス、フランス、デンマーク、韓国では有期雇用の最長期間や更新回数が制限されている。

●有期労働契約の入り口規制を

わが国においても、有期労働契約の締結自体について規制が図られるべきである。有期労働契約には人身拘束機能、雇用保障機能、自動終了機能の三つの機能があるとされるが、労働者にとってのメリットであるはずの雇用保障機能は、期限の定めのない労働契約について解雇権濫用法理が確立したことからもはや有利なものではなくなった。労働者の権利保護の観点からすれば、労働契約は期間の定めのない契約が本来の姿なのであって、契約自由の原則を根拠とする自由な有期労働契約の締結を野放しにすることを認めるべきではない。

わが国では、労働契約法の改正により、五年を超える有期雇用の無期雇用への転換申込規定が創設されたが（労働契約法一八条）、有期労働契約は合理的な理由がある場合にのみ締結できるとする入口規制を早期に確立すべきである。

第七章　労働規制改革は社会保障の改革とセットで！

●賃金と社会保障の関係

非正規雇用問題の学習会などでよく出る質問がある。「同一価値労働同一賃金」は正社員の賃金を下げる政策ではないのか。財界の賃下げ要求の片棒を担ぐことになるのではないのか。確かに経団連や規制緩和論者の中に正社員の賃金を抑制するために「同一労働同一賃金」を論じる者がいる。しかし、真の「同一（価値）労働同一賃金」の実現は、正社員賃金の低下を目的とするものではない。現状の正規と非正規の不当な格差を是正し、仕事に見合った適正な賃金を実現するための原則である。

正社員の賃金が不当に高いのであれば、それは問題かもしれない。しかし、一般大衆の正社員労働者の賃金がそれほど高いとの実感はない。にもかかわらず、正規労働者と非正規労働者の賃金にこれほどの格差が生まれてしまったのはなぜか。

それは日本では教育、医療、保育、介護その他の福祉に要する費用のほとんどを自己責任で賄うこととされ、そのために家族を支える正社員の賃金には家族生活を支えることができる「生活保障賃金」が必要であり、労働運動もその実現に奔走してきたからである。非正規社員の賃金にはこうした「生活保障賃金」の要素は含まれていない。非正規雇用の割合が四割にのぼり、家族の中に正社員が一人もいない家庭では、人間として生活するのにふさわしい賃金が得られなくなっているのである。

デンマークやスウェーデンなどの北欧諸国はもちろん、ドイツやフランスなどヨーロッパ大陸の多くの国では、大学の授業料は無償である。医療費が無償である国も多い。住宅費も安く老後や障害の年金も充実し、社会保障が高水準で維持されているのである。税金や社会保険といった社会全体の財源負担によって、これらの制度を維持している。わが国とは賃金の果たす役割に大きな違いがあるのだ。

●制度改革の方向

日本は、アメリカと同様にこうした制度を受ける費用を基本的に各人の財源で賄うこととされているのである。この仕組みを変えるべきだ。

教育費、医療費、住宅費等の負担が軽減され、社会保障給付が充実すれば、賃金が少しばかり減少しても生活は維持できる。逆に豊かになることもあり得る。わたしたちが生活するために必要な財源のどの部分を賃金で賄わなければならないかによって、賃金額が十分か否かは決定するのである。賃金と社会保障は表裏の関係にある。正社員賃金から生活保障加算部分を減額されても、その部分が税金や社会保険によってきちんと保障されるのであれば、問題は生じないはずだ。正規と非正規の格差の解消も可能となる。

●安倍政権の逆行

ところが、わが国では安倍政権のもとで社会保障制度の大幅な削減が強行されている。そして、さらに年々悪化している。国立大学の授業料はこの四〇数年間で一五倍に跳ね上がった。奨学金制度は有利子の悪徳ローン制度に変質した。医療では国民皆保険の制度は維持しているものの、個人負担割合はどんどん引き上げられている。年金は受給年齢の引き上げとともに受給額の抑制が進行している。安倍政権は次から次へと社会保障制度を後退させているのである。

同一価値労働同一賃金制度の実現のためには、その前提としての社会保障の公的負担の充実が不可欠なのである。そのことなしに、格差是正の実現などあり得ないことを強調しておきたい。第3部で紹介するデンマークモデルをぜひ参考にしてもらいたい。

第3部
海外に学ぶ

1 デンマークに学ぶ

安倍政権による労働規制緩和推進は、雇用の多様化・流動化を推進するためであるとされる。雇用の流動化が進んでいる国として政権が注目しているのがデンマークである。なぜ、デンマークでは雇用の流動化が可能なのか、その背景をしっかりと学ぶことが重要である。雇用の多様化・流動化をはかろうとするのであれば、何が必要なのか、何をしなければならないのか、デンマークから学びたい。

私は二〇一〇年秋に日弁連の調査団の一員としてデンマークを訪問した。以下の内容は、その時の政府や民間の関係団体から提供された文献や聴取結果を基に報告するものである。

●フレキシキュリティ

デンマークの労働市場は、「ゴールデントライアングル」と呼ばれる三要素、すなわち、①フレキシブルな労働市場、②手厚い失業保険制度、③積極的労働市場政策、を兼ね備えており、これらが相互にバランスをとって機能する「フレキシキュリティ」(柔軟性と安全性の両立)の代表例として注目を集めている。フレキシキュリティとはフレキシブル(柔軟)とセキュリティ(安全)をあわせた造語である。わが国の経営側の立場にある方々の中に、デンマークはフレキシブルな労働市場の国であり、「解雇が自由な国」であると紹介している方々がいる。しかし、デンマークは、けっして解雇が自由な国ではない。あとで紹介するように、解雇規制はわが国よりも厳しいのが実態である。

また、デンマークモデルはあくまで、三つの要素がバランスを保って初めて成り立つものであり、「柔軟な労働市場」は、失業しても次の仕事が見つかるまで安心して生活できる手厚い失業保障があって初めて機能する。さらに、国が多くの予算を投じて職業教育や職業訓練を実施している。失業者が手厚い就労支援を受けて、比較的短期に労働市場へと復帰していくのである。そして、忘れてはならないのが社会保障制度の充実である。失業手当がわが国とは比べものにならないほど充実しているのはもちろん、医療や教育費が無償である。失業中であっても、快適な生活を維持しながら、新たな就労を確保するために準備することが十分に可能なのだ。

デンマークにおいては、柔軟な労働市場政策を通じて衰退産業から成長産業へと労働力を移動させ、労働条件の維持・向上を図っていくという国家戦略について、国民の間に広範な社会的コンセンサスが認められているが、それは、この基盤である社会保障制度の整備充実があればこそだということを強調したい。

●デンマークの労働組合

デンマークの充実した制度を語るにあたって、デンマークの労働組合の影響力は無視できない。デンマークの労働組合組織率はきわめて高く、労働組合に組織された労働者は、経営者団体との間で締結された労働協約の適用を受け、労働条件が集団的な労使交渉によって決定されていく。労使は「社会的パートナー」と呼ばれ、職業教育プログラムの作成等多くの分野で積極的な役割を果たしている。

デンマークの労使のナショナルセンターは、一九世紀から二〇世紀初頭にかけて形成された。現在でも存在する、デンマーク労働総同盟（ＬＯ）と、デンマーク経営者連盟（ＤＡ）である。

デンマークでも労働組合の単位を職場単位にするか、職種別にするか、あるいは産業別の全国組織にするか意見が分かれていたが、デンマーク、スウェーデン、ノルウェーの北欧三か国の労働組合は、一八九七年に、各国内で分散する労組を統合し、一国一ナショナルセンターの原則に基づいて組織していくことを決議した。その決議に基づきデンマークで設立されたのがＬＯだ。そして、労働者側の運動に対抗するかたちで、経営者側の団体であるDAが設立された。

LOの組合員数は、約一二〇万人で、組合員の約三分の一は公共部門、約三分の一はDA加盟民間企業の労働者、三分の一はDA未加入民間企業の労働者である。

LOが最も古いナショナルセンターだが、第二次世界大戦後は就業構造の変化に対応して新たな労組ナショナルセンターが二組織結成された。LOを含めた三組織は、他国でみられるように政治イデオロギーの違いや政党との関係を理由に並立しているのではなく、組織対象労働者の教育的バックグラウンド（主として学歴）の違いを背景としている。すなわち、LOは未熟練、半熟練、熟練労働者を組織している伝統的な労組が加盟する一方で、一九五二年に結成された俸給職・公務員労組連盟（FTF）は、月給制の民間ホワイトカラー労働者と公務員（中等教育を受けた労働者が中心）を組織する労組が加盟、一九七二年に結成されたデンマーク専門職労組連盟（AC）は、医師、弁護士、エンジニアなどの大卒以上の学歴をもつ組合員を組織している労組が加盟している。これら三組織の関係は極めて良好で、共通する利害に対しては常に共同歩調をとっている。三組織以外にも、管理職層を対象とする労働組合、キリスト教系労働組合およびデンマーク西方で活動する「職種の家」と呼ばれる労働組合が存在する。

●経営者側のナショナルセンター

一八九六年に設立されたデンマークの経営者団体であるDAは、民間の経営者だけをカバーしており、全体の三分の一ほどがDAの傘下にある。労働市場における経営者団体の組織状況をみれば、DA三三％に対し、FA（金融関係の団体）三％、SALA（農業関係の団体）二％、公共セクター三六％で、どこにも属していない使用者が二六％となっている。

ＤＡの会員数は、一九五〇年くらいまでは増加傾向にあり、二五〇団体に達することもあったが、その後統合が進み、一三団体の加盟となった。加盟団体数は減ったものの、傘下の企業数は増えており、影響力が低下したわけではない。

●基本協約と労使合意に基づいて設立された制度

デンマークでは、一八九〇年代後半に、労働者側が一〇〇日以上にわたる大争議を実施したことに対し、使用者側が四万人規模のロックアウトを繰り返す事態になった。政府の調停を受けて、ＬＯとＤＡが一八九九年九月に締結したのが、「九月合意」と呼ばれる労働協約である。同協約は、①「仕事を指導し配分する」権利を使用者に認める一方、②双方の当事者組織の相互承認をうたったうえで、③平和義務や争議予告制度を定め、④紛争解決機関を創設することをその内容としている。

ＬＯとＤＡは、基本協約を結び、それに賃金、労働条件の最低基準を設定していたこともあったが、今日では、基本協約は、解雇規制や争議調整制度などの根拠を与え、個々の労使団体が締結する労働協約のガイドラインを示したものとなっている。したがって、具体的な労働条件は、全国規模あるいは地方ごとの職種別の労働協約や企業別の労働協約に定められている。

事業所・工場レベルで選出された職場代表と使用者が交渉し、そのレベルで解決できない問題については、産業別労組と使用者の間で団体交渉を行い、合意に達すれば、労働協約を締結する。デンマークでは、企業内で、組合員・非組合員を問わず労働協約の内容が適用される。このため、労働協約の適用率は、組織率よりも高く、民間で約七割、公共部門では一〇割となっている。

●解雇はけっして自由ではない

デンマークにおいては、解雇を直接規制する法律上の規程は存在しない。そのために、わが国において「デンマークでは解雇が自由である」との誤った情報が伝えられた。しかし、すでに指摘したとおり、デンマークにおける労働法的規制の特徴は、規制が法律によるのではなく、産業別労使団体の締結した労働協約に委ねられていることだ。法律に規定がないことが法的な規制がないことを意味するものではない。デンマークでは大多数の労働者が労働協約の適用下にあるのであり、労使関係の基本となるＬＯとＤＡの基本協約には、解雇には合理的な理由を要することがきちんと定められている。したがって、デンマークにおける解雇規制は、労働契約法一六条によって解雇には「合理性、相当性」が必要であるとするわが国の規制と基本的には同じである。

解雇予告手当は、日本と異なる。日本はどんなに長く勤めていても一月分の解雇予告手当を支払うだけだが、デンマークでは勤続年数が長くなるほど予告手当支給期間も長くなる。

解雇の合理性をめぐる紛争については、最終的には労働協約によって作られた解雇審判所によって判断される。解雇審判所は、現職の最高裁裁判官と労使の弁護士らで構成され、通常は最高裁裁判官の意見が重視される仕組みである。

もっとも大半の紛争は、企業内の労使間で調整される。解雇を認めるが相当額の解決金の支払いを条件として合意することもあり、再雇用を合意することもある。

労働組合に所属することを理由とする解雇が違法となることはわが国と同様だ。その場合には再雇用が義務づけられている。

ＯＥＣＤの雇用保護に関する統計資料によれば、デンマークは、むしろ日本よりも解雇規制が強い国に位置づけられている。デンマークは日本より解雇規制が緩いとの報道がされたことがあるが、誤りである。

もっとも、解雇などによる雇用の喪失についてデンマークではわが国ほど深刻には受け止められていない。雇用保険制度や職業訓練システムが充実し、教育、医療、福祉の公的負担がしっかりと確立しているデンマークにおいては、失業することは、わが国のように膨大なリスクを伴うものではないのである。デンマークにおける労働者の生涯平均転職回数は一人あたり六回だそうだ。しかし、私が聴取した訪問先の人々はそれを大きな苦痛とは考えていなかった。逆に新たなステップのための機会と位置づけている。わが国の失業状態とデンマークの失業状態とはまったく異なるのだ。このような制度や社会環境の違いを無視して、デンマークの雇用の柔軟性だけを取り出してわが国にも導入すべきだとの議論を展開することは大きな誤りである。

●手厚い失業給付

デンマークのフレキシキュリティの一角を形成するのが手厚い失業給付だ。もっとも、デンマークにおける失業給付制度の仕組みはわが国の制度とは少し異なっている。労働者が失業した場合の給付としては、失業保険からの給付と援助金の給付との二種類がある。

失業保険からの給付を受けるためには、保険への加入と、五二週間働いた実績（あるいはそれに満たなくても大学を卒業してから継続的に働いているか）が必要となる。保険料は月三〇〇クローネ（約五〇〇〇円）程度で、国家からの資金援助が多額であるため、労働者個人の負担は軽い。なお、使用者の負担はない。失業保険の運営は労働組合と緊密な関係を持つ失業保険基金が行っている。

失業給付の場合、従前の賃金の九〇％ないし金額で一か月に一万四〇〇〇クローネが給付額の上限となる。

援助金の支給は、上記のような条件で支給される保険の対象者ではなく、かつ求職中の者が対象となる。これらの二条件は絶対的な要件である。さらに、世帯の所得、配偶者の所得、財産を有しているなどにより、支給の条件が変わってくる。

支給金額はナショナル・ミニマムとして国によって定められているものであり、地方自治体間で差はない。なお、ジョブセンターや援助金支給窓口に援助を求めてくる者の三分の一くらいが移民労働者だ。失業給付の期間はあいつぐ法律改正により短縮され、現在は最長2年間となっている。それでもわが国とは大違いだ。

●デンマークの職業教育

デンマークの充実した職業教育には驚かされる。学校教育のなかに職業教育が組み込まれた「デュアル・システム」が採用され、義務教育段階から一貫して職業を意識した教育システムが構築されている。また、離職者に対する手厚い就労支援を通じて、多くの離職者が短期間に再就職をしている。さらに、引きこもりなどで社会からドロップアウトした子どもたちを再び社会復帰させるための支援体制も大変充実していた。ドロップアウト対策の施設である「生産学校」の生徒が目を輝かせながら生き生きと楽しそうに学んでいる姿は印象的であった。制度の概要を紹介する。

デンマークにおける職業教育は、義務教育の終了時点（一五歳）から始まる。義務教育終了者の進路は大きく分けて二つだ。一つは普通後期中等教育コース（ギムナジウム）（三年）への進学である。もう一つは職業訓練プログラム（職業後期中等教育）へ進むコース（三～四年）である。

日本における普通科高校のような純粋の普通科教育コースへ進学する生徒の割合は全体からみれば少数だ。中等教育コースへの進学者の多くは、さらに上級の教育課程（大学レベル）への進学を目指している。大学への進学率は五〇％程度である。授業料は無料であり、一八歳から国による奨学金（ＳＵ）が支給される。

他方、義務教育終了後に職業訓練プログラムに進む者は、三～四年のプログラム終了後に就労することを目的としている。職業訓練プログラムの内容は、座学と職場での実習を繰り返すいわゆる「デュアル・システム」と呼ばれる仕組みだ。最初の一年間は学校で基礎的な職業教育を受け、二年目以降は実習先企業における数か月間の実習と学校での座学を交互に繰り返す。なお、実習先は生徒自身が自らの希望によって受入先企業を探し、面接を受けて、実習生として採用される仕組みとなっているが、学校が紹介することもある。三～四年の職業訓練プログラム終了後、多くの生徒は当該実習先企業に正式に就職することになるが、職業訓練プログラム終了後に大学へ進学して高等教育を受ける者も一〇％程度いる。

授業料は無償だ。生徒に対して、学校での座学の期間中も企業での実習期間中も一定の手当（賃金）が支払われる。実習中の手当は実習先企業が負担し、座学期間中の手当は企業が拠出している基金から支払われる。

職業訓練プログラムには一〇七種類の職業教育がある。それぞれの教育の内容については地域ごとに労使（社会的パートナー）が協議して決定する。

●ドロップアウト対策など

後期中等教育を終えて一旦は就職した後も、再度、別の後期中等教育コースへ入学し直して教育を受け直したり、高等教育への進学を目指したりするのも自由で、いつでもやり直しが可能なのだ。成人向け教育（国民学校）の制度もあり、全労働者の四五％程度が就労してからも何らかの生涯教育を受け続けている。

また、さらに、義務教育終了後に中等教育レベルに進学しなかった者や中等教育レベルに進学後もドロップアウトした者に対しては、「生産学校」（プロダクトスクール）という制度が設けられている。ここではドロップアウトした若者に再び社会参加してもらうことを目指し、職業に対する関心とその前段階としての学校教育の重要性を喚起するために、実習と生産経験を土台とした基礎的な職業訓練プログラムが行われている。

●離職者向けプログラム

離職者が、離職から六か月経過後も再就職が決まらない場合には、個人別の就労計画が策定され、九か月後からはアクティベーション・プログラムへの参加が義務づけられる。なお、三〇歳未満の若年者については離職の六週間後からアクティベーション・プログラムへの参加が義務づけられている。

アクティベーション・プログラムには、企業や公的就労での職業訓練（ＯＪＴ）や職業教育などがある。もっとも、二〇〇九年の地方分権改革によって、プログラムの策定は自治体が行うこととされたため、自治体毎にプログラムが異なる。

●最後に

デンマークもけっして地上の楽園ではない。町の中にはホームレスの人たちもいる。財政難から失業給付期間も大幅に短縮された。新自由主義的経済政策進行の下で、公務の民間委託が進行し、さらにはポーランドなどからの外国移民労働者の流入による労働条件の悪化や組織化の困難化などの問題も抱えている。しかし、こうしたデンマークの影の部分を強調し、これまでに築き上げてきたすばらしい光の部分から学ぶことを避けることは誤りである。わが国のこれからの制度設計にあたって、デンマークの制度を学ぶことはきわめて貴重だ。もちろん、歴史的な経過などを無視して直ちにデンマークモデルをまねるような施策は愚かである。しっかりと学んで、わが国の制度設計にその成果を反映させていくことこそ重要である。

２ オランダに学ぶ

二〇一五年四月に私は日弁連の調査団の一員としてオランダを訪問し、政府や大学、労働関係団体から資料提供を受け関係者から聴取してきた。その結果を基に報告する。

●オランダの就労・労働組合の状況

オランダの最大の労働組合はＦＮＶで、加盟者は一二〇万人ほどで、就労人口の二〇％の労働者が加盟している。オランダの労使関係は比較的安定しており、ストライキは二〇〇八年で従業員一〇〇〇人あたり一・〇一八日である。

女性の就労率は男性に比べて低いが、二〇二〇年頃には、男性と女性の就労率が同じくらいになるといわれている。女性の七五％がパートタイムで働いている。オランダの男性の二五％がパートタイムであり、ＥＵの平均に比べると高いものの、女性に比べるとかなり低い。女性のパートタイム率が高いのは、保育所の整備が十分でないことも影響している。

●労働時間調整法について

オランダでは、パートタイム労働は非正規労働の範疇ではなく、正規労働と位置づけられている。二〇〇〇年に労働時間調整法が成立した。労働時間調整法はパートタイム労働を推進している。労働者は一年間労働を継続すると一日の労働時間数をどれだけにするかを決定する権利を持ち、使用者は原則その決定を拒めないというものである。わが国では夢のような法律である。もっとも、この法律を導入する前後で、実態に特に変化は生じていないそうだ。これはパートタイム労働が法律制定の前から既に根付いていたことを示している。

労働時間調整の始まりは育児休暇である。子の世話をする親に対しては育児休暇という権利が与えられており、雇用主にはその付与が義務化されている。育児休暇中は労働時間がフルタイムの約半分になっているので、休暇終了後に「パートでは困る」という理屈は通らない。その結果、労働者は引き続きパートで働くという素地ができている。

労働時間調整法を活用している者は女性に多い。女性がパートを選んでいる大きな理由は、女性が家事・育児の多くを担っているためである。女性のフルタイム労働者を増やすには、家事・育児の分担についての認識・考え方への対処も必要であるし、社会政策として保育制度の整備なども検討すべきである。法律があることでパートタイム労働者は保護され、フルタイム労働者との均等待遇も守られているが、それらの法律があるだけでは足りない。男性労働者でパートタイム労働に転換する者も相当数存在する。育児を理由とすることが多い。

使用者は、フルタイム労働者に比べてパートタイム労働者の方が生産性が高いため、パートタイム労働への転換にそれほどの問題は感じていない。EUが出している一時間あたりの生産性のデータを見ると、オランダの生産性は一三六・五ユーロとEU中二位である。

パートタイム労働についての明確な定義はない。一般労働者の労働時間は週三六時間から四一時間であり、分野や協約によって異なる。権利として認められているのは、労働時間数の調整だけで、労働日や時間帯については労働者が使用者と交渉して決めていくことになる。労働時間を増やす方向での調整も可能だが、休息の時間が確保されていることが必要である。労働者は労働時間の増減を請求できるが、使用者からは請求できない。労働時間を希望に応じて調整するのは使用者の責任である。使用者はゆとりをもった人員確保が必要なのである。パートタイム労働者は指定した時間外に働いても残業代は出ない。使用者にとって労働者の労働時間が短ければ社会保険料の負担は減るが、それ以外のメリットはない。パートタイム労働者であることで法律上不利益を受けることはないが、待遇や昇進の点で事実上の差別はあるように感じている。目には見えない「ガラスの天井」があるらしい。

●オランダの法制度

オランダの法制度はフランス革命の時から続いていて、自由・平等・博愛がスローガンである。オランダでは自由・平等だから交渉ができるという意識もある。昔は男性中心の社会で、女性は一九一七年にやっと選挙権が付与された。オランダ民法もフランス法に基づいている。一七九五年からフランスに統治され、産業革命というほどのものもなく、労働者を「守る」という制度がないままに来ているので、ベルギーやドイツと違い、「公法」で労働者を守る仕組みは作られず、私法で守るように法が整備されてきた。それが近隣諸国との違いである。オランダでは、労働条件は労使の合意によるのが基本であり、何か権利を獲得しようとするなら、自分で交渉しないといけない。人権研究所という機関があり、提訴も含めた権利主張のための支援活動が行われている。国が労働者保護に直接関与する場面は少ない。

オランダの法律はＥＵ指令に縛られていて、差別はいかなる場合であっても許されないのが基本である。オランダ憲法の他に均等待遇法や同一賃金法などの法律がある。

●労働組合の現在の課題

労働時間調整法は、一年以上働いた労働者に適用される。労働者が時短の要求をした場合、使用者は業務上の必要性を立証しなければ、要求を拒むことができない。女性は、この制度を利用して、産前産後休業・育児休業後にパートタイマーへ転換希望する場合が多い。

フレックスワーカーには一年以上の勤務を適用要件とする労働時間調整法が適用されないことが多く、保護への取組が必要と考えている。また、移民、シングルマザーなどの周縁化されているグループの平等の推進も必要である。組合未加入者も多く、組合として、このような人々をどのように代表し、組織化していくのかが大切だと考えている。

成功例として、清掃業従事者のストライキがある。清掃業従事者の労働条件は最低レベルだった。組合では、当事者にどのような要求があるのか聴き取りに行った。清掃業では移民労働者がその大半を占めており、組合に入るとお金がかかるのではないかと心配していた。労働組合の連合体であるFNVが協力し、金属労組など他の労組の資金援助を受けてストライキを断行した。九週間のストライキでスキポール空港がゴミだらけになり、マスコミなどでも大きく取り上げられた。スキポール空港CEOの高額のボーナスが取り沙汰され、何らかの改善策を講じるべきであると批判された。ストライキの成果は、第一に労働条件が良くなったこと、第二に、派遣先・派遣元・労働者という三角形の仕組と各々の責任について、市民に今までより理解されたことである。労働条件改善のためには、政治的行動も大切である。

●最後に

オランダではパートタイム労働は「非正規労働」ではなく「正規労働」であると教えられたときは衝撃を受けた。一日の労働時間をどうするかは労働者が自主的に決定する権利があるのだという発想は私にはなかった。オランダでは他のヨーロッパ諸国と同様に「同一価値労働同一賃金」原則が法制化されており、時間が短くなれば賃金は時間に比例して減額となるが、それはあくまで比例的であり均等である。つまり時間あたりの賃金は基本的に同一である。わが国のようなパート労働者差別はできない。

「一度フルタイムで契約した以上、労働時間の短縮はできない。いやなら辞めろ、あるいは労働条件が格段に低いパート労働者に替われ」。こんなわが国の現状とは大違いである。オランダの労働時間調整法は今後わが国でもしっかりと検討すべきである。もっともその前提として「同一価値労働同一賃金」の確立が不可欠である。

補論　四野党共同提出「長時間労働規制法案」の意義

安倍内閣提出の「労働基準法等の一部を改正する法律案」

総務省統計局の「労働力調査」によれば、二〇一五年に週の労働時間が六〇時間以上の就労者は五四六万人にのぼる（六〇～六九時間二三九万人、七〇～七九時間一三五万人、八〇時間以上七一万人）。かかる就労者は、時間外労働時間を一か月八六時間している計算となり、厚生労働省が過労死認定ラインとしている一か月八〇時間を超えているのである。労働者の生命や心身の健康を保持し、ワークライフバランスを確保していくために、長時間労働の規制が喫緊の重要課題である。

安倍政権は、二〇一五年四月三日、第一八九回国会に「労働基準法等の一部を改正する法律案（内閣提出第六九号）」を提出した。同法案の提案理由は「長時間労働を抑制するとともに、労働者が、その健康を確保しつつ、創造的な能力を発揮しながら効率的に働くことができる環境を整備するため、年次有給休暇に係る時季指定の使用者への義務づけ、高度な専門的知識等を要する業務に就き、かつ、一定額以上の年収を有する労働者に適用される労働時間制度の創設等の所要の措置を講ずる必要がある。これが、この法律案を提出する理由である」

と記載されている。

しかしながら、同法案において，長時間労働抑制策と言えるものは、①中小企業における月六〇時間超の時間外労働に対する割増賃金の見直し（月六〇時間を超える時間外労働に係る割増賃金率（五〇％以上）について、中小企業への猶予措置を三年後に廃止する）、②長時間労働に対する助言指導の強化（時間外労働に係る助言指導に当たり、「労働者の健康が確保されるよう特に配慮しなければならない」旨を明確にする）、③一定日数の年次有給休暇の確実な取得（使用者は、一〇日以上の年次有給休暇が付与される労働者に対し、五日について、毎年、時季を指定して与えなければならないこととする）、④企業単位での労働時間等の設定改善に係る労使の取組促進（企業単位での労働時間等の設定改善に係る労使の取組を促進するため、企業全体を通じて一の労働時間等設定改善企業委員会の決議をもって、年次有給休暇の計画的付与等に係る労使協定に代えることができることとする）だけである。これだけではとても現状の長時間労働を抑制することは不可能である。

それどころか、同法案には、多用で柔軟な働き方の実現のための制度改革として、①フレックスタイム制の見直し（フレックスタイム制の「精算期間」の上限を一か月から三か月に延長する）、②企画業務型裁量労働制の見直し（企画業務型裁量労働制の対象業務に「課題解決型提案営業」と「裁量的にＰＤＣＡを回す業務」（ＰＤＣＡとはPlan（計画）→Do（実行）→Check（評価）→Act（改善））を追加するとともに、対象者の健康確保措置の充実や手続きの簡素化等の見直しを行う）、③特定高度専門業務・成果型労働制（高度プロフェッショナル制度）の創設（職務の範囲が明確で一定の年収（少なくとも一〇〇〇万円以上）を有する労働者が、高度の専門的知識を必要とする等の業務に従事する場合に、健康確保措置等を講じること、本人の同意や委員会の決議等を要件として、労働時間、休日、深夜の割増賃金等の規定を適用除外とする）が盛り込まれている。高

裁量労働制の拡大や高度プロフェッショナル制度は、わが国に更なる長時間労働をもたらすものである。

度プロフェッショナル制度の導入に反対すべきことは、本書第2部第一章で紹介したアメリカの実状からも明らかである。これらの規定は、労働基準法が規定する労働時間規制の適用を免れる者を大幅に増加させるものであり、労働時間規制を大きく緩和するものである。残業代を払わずに長時間労働を強制することを企業に広く認めるものであり、これでは、現状の長時間労働を規制するのではなく、さらなる長時間労働を生み出すことになり、改正案は到底許されるものではない。労働者や労働組合など反対運動の高まりの中で、安倍政権は同法案の強行はできず、第一八九回国会ではたった一回だけの委員会審理、第一九〇回国会では委員会審理なしのまま国会は終了し、改正法案は閉会中審査となった。

四野党による「長時間労働規制法案」提出

こうした中で、二〇一六年四月一九日、一九〇回国会において、民進党、日本共産党、生活の党、社民党の野党四党が「労働基準法の一部を改正する法律案」を衆議院に提出した。安倍内閣が提出している改正法案と正式名称は同様であるが、こちらは「長時間労働規制法案」と呼んでいる。この「長時間労働規制法案」は、安倍内閣が提出した「労働基準法等の一部を改正する法律案」（残業代ゼロ・過労死促進法案）の対案である。長時間労働規制法案は同年五月二七日に衆議院厚生労働委員会に付託となったが、こちらも国会終了により閉会中審査となった。

参議院選挙後の国会において、労働基準法の改正をめぐって、二つの改正法案が対決するのである。「長時間労働規制法案」は残業時間の上限規制とインターバル規制を柱としている。現状の長時間労働を解消し、労働者の生命や心身の健康を保持し、ワークライフバランスを確保できる働き方に変えていくためには、「長時間労働規制法案」の成立が必要である。「長時間労働規制法案」の内容の概略を紹介する。

「長時間労働規制法案」の概要

（1）労働時間の延長の上限規制

現行法は、週四〇時間、一日八時間の上限を規定しているが（三二条）、過半数労働組合または過半数代表者との協定により、どちらの時間も青天井に延長することが可能となっている（三六条）。過半数労働組合がしっかりしていれば、延長時間にきちんとした規制ができるはずであるのだが、現状は延長野放し状態である。現行法でも、厚生労働大臣は労働時間の延長の限度について基準を設けることができるとされ（三六条第二項）、「労働基準法第三六条第一項の協定で定める労働時間の延長の限度等に関する基準」（労働省告示第一五四号）では、限度時間について、一週間一五時間、一か月四五時間、一年間三六〇時間などの基準が示されている。しかし、「限度時間を超えて労働時間を延長しなければならない特別の事情」があれば基準の限度時間を超えることも許されるとしており、上限規制の意味をなしていない。しかも「基準」は法的拘束力を有していないのである。

これに対し、法案は、協定によって延長できる時間を「労働者の健康の保持及び仕事と生活の調和を勘案して厚生労働省令で定める時間を超えない範囲」と限定し、限度時間の規制に法的拘束力を与えている。具体的な限度時間は厚生労働省令で定められるとしているが、一日二時間、一週八時間、一年間一二〇時間程度を原則とすべきである。また、職務の性格などにもとづく例外規定については厳格に制限することが必要である。

（2）インターバル規制の導入

現行法は、休息時間（終業から始業までの時間）の確保については何ら規定していない。そのために、労働時間を細切れにされて睡眠時間が充分に確保できない労働者が多数出現している。

法案は、新たに「休息時間」の規定を創設し、「使用者は、労働者ごとに始業から二四時間を経過するまでに、労働者の健康の保持及び仕事と生活の調和を勘案して厚生労働省令で定める時間以上の継続した休息時間を与えなければならない。」とした（三四条の二）。ＥＵ諸国で実施されているインターバル規制の規定である。

労働者の健康の維持・管理やワークライフバランス確保のために、きわめて重要な規制である。法案は厚生労働省令で「休息時間」（インターバル時間）を定めるとしたが、人間の生活リズムを考慮して、充分な睡眠時間（八時間）に食事や通勤時間を加算すれば、一一時間の「休息時間」（インターバル時間）の確保が必要と考える。

法案は、使用者と過半数労働組合あるいは過半数代表者との協定による休息時間の短縮を認めているが（三六条の二第一項）、厚生労働大臣が休息時間の短縮の限度の基準を定めることとしている（三六条の二第二項）。労働者の健康などを充分に考慮して、短縮の限度は厳格に規制されなければならない。

また、法案は「公衆の不便を避けるために必要な事業その他特殊の必要がある事業」については、必要な限度で休息時間付与の例外を厚生労働省令で定めるとしているが（四〇条第二項）、例外は厳格に規定されなければならない。

（3）週休制の確保

現行法上、使用者は労働者に対して、毎週少なくとも一回の休日を与えなくてはならないのであるが（三五条第一項）、四週間を通じて四日以上の休日を与える場合はこの制限を免れる（三五条第二項）。

法案は、かかる変形週休制の導入は、過半数労働組合あるいは過半数代表者との協定を要件とした（三五条第二項）。

（４）事業場外みなし労働時間の明確化

現行法は、事業場外労働において、「労働時間を算定し難いとき」はみなし労働時間を認めるとしている（三八条の二）。

法案は、みなし労働時間の適用対象を、事業場外労働において、「使用者が当該業務の遂行の方法に関し具体的な指示をすること及び当該業務の遂行の状況を具体的に把握することが困難であるため」、「労働時間を算定し難いとき」に限定し、判例に沿ってみなし労働時間の対象を明確にした。

（５）裁量労働制の要件の厳格化

法案は、裁量労働制の有効要件として、新たに、使用者に対し、「当該労働者が事業場内にいた時間（当該協定において厚生労働省令で定める労働時間以外の時間を除くことを定めたときは、当該協定に係る時間を除いた時間）と事業場外において労働した時間との合計の時間（健康管理時間）」を把握し記録する措置を講ずることを付加した。

さらに、法案は、裁量労働制の有効要件として、使用者に対し、対象業務に従事する労働者の健康管理時間を厚生労働省令で定める時間内とする措置を講ずることを付加した。裁量労働制採用時においても、使用者には労働者の労働時間の把握・管理をすべき義務があり、労働者の健康に十分に配慮すべきであることを明確にしたものである。かかる使用者の義務を履行しない使用者には、裁量労働制の適用を認めないこととしたのである。

（６）労働時間管理簿

法案は、新たに、使用者に対し、各事業場ごとに労働時間管理簿を調整し、各労働者の労働日の始業・終業時刻ならびに労働時間、健康管理時間などを記録する義務を課した（一〇七条の二）。

（7）違反者の公表

法案は、新たに、厚生労働大臣に「この法律またはこの法律に基づく命令に違反する行為を行った者」の氏名・名称、違反行為の内容等を公表する権限を与えた（一〇五条の三）。本法による規制の実効性を確保するための規定である。

（8）罰則

法案は、インターバル規制（三四条の二）違反については六か月以下の懲役または三〇万円以下の罰金に、労働時間管理簿調整・記録義務（一〇七条の二）違反については三〇万円以下の罰金に処すとした。

「長時間労働規制法案」の意義

以上のとおり、四野党が共同提案した「長時間労働規制法案」は、まだまだ充分とは言えない点もあるが、わが国の長時間労働の現状を改善し、労働者の生命や心身の健康を保持し、ワークライフバランスを確保していくために、きわめて有効な法律案となっている。そして、この法案は、安倍政権が提出している「残業代ゼロ・過労死促進法案」と比較することにより、同法案が如何にひどい内容のものであるかを明らかにしている。四野党が共同してこの法案を作り上げたことに敬意を表したい。

この法案の内容を広く労働者・市民の間に拡散し、ニッポンの働き方を変えていくための第一歩として、国会での成立に向けての運動が大きく前進することを期待したい。

資料

労働基準法の一部を改正する法律案要綱

二〇一六年四月一九日

（民進・共産・生活・社民共同提出）

一 労働時間の延長の上限規制

労働基準法第三六条第一項の協定による労働時間の延長は、労働者の健康の保持及び仕事と生活の調和を勘案して厚生労働省令で定める時間を超えない範囲内でなければならないこと。（第三六条第一項関係）

二 休息時間（インターバル規制）

1 休息時間の付与

(1) 使用者は、労働者ごとに始業から二四時間を経過するまでに、労働者の健康の保持及び仕事と生活の調和を勘案して厚生労働省令で定める時間以上の継続した休息時間を与えなければならないこと。（第三四条の二関係）

(2) 公衆の不便を避けるために必要な事業その他特殊の必要がある事業については、その必要避くべからざる限度で、(1)について、厚生労働省令で別段の定めをすることができること。（第四〇条第二項関係）

2 協定による休息時間の短縮

(1) 使用者は、当該事業場に、労働者の過半数で組織する労働組合がある場合においてはその労働組合、労働者の過半数で組織する労働組合がない場合においては労働者の過半数を代表する者との書面による協定をし、これを行政官庁に届け出た場合においては、1にかかわらず、その協定で定めるところにより休息時間を短縮することができること。（第三六条の二第一項関係）

(2) 厚生労働大臣は、休息時間の短縮を適正なものとするため、(1)の協定で定める休息時間の短縮の限度その他の必要な事項について、労働者の健康及び福祉その他の事情を考慮して基準を定めることができること。（第三六条の二第二項関係）

(3) (1)の協定をする使用者及び労働組合又は労働者の過半数を代表する者は、当該協定で休息時間の短縮を定めるに当たり、当該協定の内容が(2)の基準に適合したものとなるようにしなければならないこと。（第三六条の二第三項関係）

(4) 行政官庁は、(2)の基準に関し、(1)の協定をする使用者及び労働組合又は労働者の過半数を代表する者に対し、必要な助言及び指導を行うことができること。（第三六条の二第三項関係）

3　災害等による臨時の必要がある場合の休息時間の短縮

災害その他避けることのできない事由によって、臨時の必要がある場合においては、使用者は、行政官庁の許可を受けて、その必要の限度において休息時間を短縮することができること。ただし、事態急迫のために行政官庁の許可を受けるいとまがない場合においては、事後に遅滞なく届け出なければならないこと。（第三三条第1項関係）

三　週休制の確保

使用者は、当該事業場に、労働者の過半数で組織する労働組合がある場合においてはその労働組合、労働者の過半数で組織する労働組合がない場合においては労働者の過半数を代表する者との書面による協定により、四週間を通じ四日以上の休日を与える定めをしたときは、毎週一回以上の休日の付与義務にかかわらず、その協定で定めるところにより休日を与えることができること。（第三五条第二項関係）

四　事業場外労働に係るみなし労働時間制の明確化

事業場外労働に係るみなし労働時間制を適用することができる要件である「労働時間を算定し難いとき」について、その条件を「使用者が当該業務の遂行の方法に関し具体的な指示をすること及び当該業務の遂行の状況を具体的に把握することが困難であるため」と明確化すること。（第三八条の二第一項関係）

五　裁量労働制の要件の厳格化

1　専門業務型裁量労働制

(1)　労働基準法第三八条の三第一項の協定で定める事項に次の事項を追加すること。

@　対象業務に従事する労働者の健康管理を行うために当該労働者が事業場内にいた時間（当該協定において厚生労働省令で定める労働時間以外の時間を除くことを定めたときは、当該協定に係る時間を除いた時間）と事業場外において労働した時間との合計の時間（Ａにおいて「健康管理時間」という。）を把握し、及び記録する措置（厚生労働省令で定める方法によるものに限る。）を当該協定で定めるところにより使用者が講ずること。

A　対象業務に従事する労働者に対し、健康管理時間を労働者の健康の保持及び仕事と生活の調和を勘案して厚生労働省令で定める時間を超えない範囲内とする措置を当該協定及び就業規則その他これに準ずるもので定めるところにより使用者が講ずること。（第三八条の三第一項第四号及び第五号関係）

(2)　(1)の@又はAに規定する措置を使用者が講じていない場合は、専門業務型裁量労働制の適用を受けることができないこととすること。（第三八条の三第一項ただし書関係）

2　企画業務型裁量労働制

(1)　労働基準法第三八条の四第一項の決議をする事項に次の事項を追加すること。

@　対象業務に従事する対象労働者の範囲に属する労働者の健康管理を行うために労働者が事業場内にいた時間（決議において厚生労働省令で定める労働時間以外の時間を除くことを定めたときは、当該決議に係る時間を除いた時間）と事業場外において労働した時間との合計の時間（Aにおいて「健康管理時間」という。）を把握し、及び記録する措置（厚生労働省令で定める方法によるものに限る。）を当該決議で定めるところにより使用者が講ずること。

A　対象業務に従事する対象労働者の範囲に属する労働者に対し、健康管理時間を労働者の健康の保持及び仕事と生活の調和を勘案して厚生労働省令で定める時間を超えない範囲内とする措置を当該決議及び就業規則その他これに準ずるもので定めるところにより使用者が講ずること。（第三八条の四第一項第四号及び第五号関係）

(2)　(1)の@又はAに規定する措置を使用者が講じていない場合は、企画業務型裁量労働制の適用を受けることができないこととすること。（第三八条の四第一項ただし書関係）

六　労働時間管理簿

使用者は、厚生労働省令で定めるところにより、各事業場ごとに労働時間管理簿を調製し、各労働者に係る労働した日ごとの始業し、及び終業した時刻並びに労働時間（専門業務型裁量労働制又は企画業務型裁量労働制が適用される労働者については、健康管理時間）その他厚生労働省令

で定める事項を記入しなければならないこと。（第一〇七条の二関係）

七　法令違反行為を行った場合の氏名等の公表

厚生労働大臣は、適正な労働条件の確保及び労働者の保護のため必要かつ適当であると認めるときは、厚生労働省令で定めるところにより、労働基準法又は労働基準法に基づく命令に違反する行為を行った者の氏名又は名称、その違反行為の内容その他必要な事項を一般に公表することができること。（第一〇五条の三関係）

八　罰則

1　二の1の(1)に違反した者は、六月以下の懲役又は三〇万円以下の罰金に処すること。（第一一九条第一号関係）

2　労働者名簿、六の労働時間管理簿若しくは賃金台帳を調製せず、若しくはこれらに記入すべき事項を記入せず、又はこれらに虚偽の記入をした者は、三〇万円以下の罰金に処すること。（第一二〇条第六号関係）

九　施行期日等

1　この法律は、一部を除き、公布の日から起算して2年を超えない範囲内において政令で定める日から施行すること。（附則第一条関係）

2　時間外及び休日の労働、休息時間等について、必要な経過措置を定めるものとすること。（附則第二条から第一一条まで関係）

3　その他所要の規定を整備すること。

中村和雄（なかむら・かずお）

弁護士（京都弁護士会所属）。
日弁連労働法制委員会委員、日弁連貧困問題対策本部委員、京都大学法科大学院非常勤講師、非正規労働者の権利実現全国会議副代表、労働弁護団常任幹事　自由法曹団京都支部幹事長。
主な著書
「『非正規』をなくす方法」（共著）（新日本出版社）
「劣化する雇用」（共著）（旬報社）
「労働者派遣と法」（共著）（日本評論社）
「現代法律実務の諸問題」(日弁連研修叢書)（第一法規）
「労働判例精選」ジュリスト増刊（有斐閣）

「ニッポン」の働き方を変える

2016年7月1日　第1刷発行

発行者　竹村正治
発行所　株式会社　かもがわ出版
〒602-8119　京都市上京区堀川通出水西入
TEL 075-432-2868 FAX 075-432-2869
振替　01010-5-12436
ホームページ　http://www.kamogawa.co.jp
印刷所　シナノ書籍印刷株式会社

ISBN978-4-7803-0846-4　C0036